Bir Psikanali

GABRIEL ROLON

Tutku Panik Keder

Diyojen

ISBN: 978-605-6913-28-0

YAYINEVİ SERTİFİKA NO: 25700

MATBAA SERTİFİKA NO: 34191

Tutku, Panik, Keder

Gabriel Rolón

Özgün Adı: **Palabras Cruzadas (*Alm.* Trauer, Panik, Leidenschaft)**

Yayın yönetmeni: Erdem Boz

Çeviren: Yonca Kocadağ

Baskı : My Matbaacılık SAN. VE TİC. LTD. ŞTİ.

MY MATBAACILIK SAN. VE TİC. LTD. ŞTİ.

Maltepe Mah. Yılanlı Ayazma Sk. No: 8/F

Zeytinburnu / İstanbul Tel: 0212 674 85 28

Cilt: My Matbaacılık SAN. VE TİC. LTD. ŞTİ.

1. Baskı: Diyojen Yayıncılık, İstanbul, 2019

DİYOJEN YAYINCILIK TİC. LTD .ŞTİ

Yıldıztepe Mah. 544. Sk. No:10 Bağcılar / İstanbul

info@diyojenyayinevi.com

Bir Psikanalistin Notları'nın yazarı

GABRIEL ROLÓN

Tutku Panik Keder

Çeviren: Yonca Kocadağ

Diyojen

İÇİNDEKİLER

PANİK ATAK

Norma'nın hikayesi

Yeni bir hastayla karşılaşmadan önce, her seferinde garip bir duygu hissederim. Bu, merak ve kuşku karışımı bir histir. Ne kadar mücadele etsem de zihnimde bana gelecek olan hastanın bir resmini çizmekten kendimi alamıyorum. Ancak muayenehaneye gelecek olan kişiyi bir yargıyla – ya da daha çok bir önyargıyla – karşılamak pek tavsiye edilir bir şey değil, çünkü o zaman gelecek olan kişiye uygun bir yaklaşım tarzı geliştiremem. Bunun yerine, zihni düşüncelerden uzak tutmak çok daha önemlidir, özellikle de temelde düşünmeyi gerektirecek herhangi bir durum yoksa. Neticede şu sıralar ziyaretçilerimin sadece seslerini duyuyorum, randevu tarihini belirlemek için yaptığımız kısa telefon görüşmelerini saymazsak.

Fakat bu tarz sohbetler insana çok az bilgi vermesine rağmen, onları görmezden gelmemeliyiz. Karşı tarafın ses tonu, seçtiği sözcükler, konuşma ritmi... Tüm bunlar müstakbel hastamızla ilgili küçümsenmeyecek ve yönlendirici bilgilerdir.

Norma ile yaptığımız ilk telefon konuşmasından çıkardığım sonuç, onun derin bir yasta olduğuydu. Neredeyse ağzından cımbızla laf alıyordum, yavaş konuşuyordu ve bir süre sonra randevuyu, sanki onunla hiç ilgisi yokmuş gibi kabul etti.

Ve randevuya yalnız gelmedi, bunun bir nedeni vardı. Ancak ona bu nedeni sormaya niyetim yoktu. En azından şimdi değil.

"İçeriye girin lütfen. Oturun. Sizi tanıdığıma memnun oldum."

"Teşekkür ederim. Biraz gerginim. İlk kez bir psikoloğa geldim."

"Bunu anlayabiliyorum. Ama dert etmeyin, sonuçta bir psikologla görüşmek çok da özel bir şey değil."

Sanki kendisini savunmaya almış gibiydi, oldukça korkuyor gibi görünüyordu. Koşullar böyleyken bir analiste tavsiye edilecek şey, suskun durup beklemektense hastaya yaklaşmasıdır. Ayrıca, vakayı almak ya da almamak adına yaptığım bu ön görüşmede, güvenilir bir dayanak bulmak için önemli gördüğüm her şeyi sormaya hakkım olduğunu düşünüyorum. Elbette hasta da beni analisti olarak kabul ettiği takdirde.

"Lütfen anlatın, muayenehaneme gelmeyi neden kabul ettiniz?"

"Aslında öneri şefimden geldi."

"Peki, o bunu neden önerdi?"

Düşündü.

"Doğruyu söylemek gerekirse bu bir öneri değil, bir emirdi."

Başını eğdi ve sessizce yere bakmaya başladı. Görünüşe göre bu konuyu konuşmak ona zor geliyordu. Özellikle de başlangıçta. Ne de olsa beni tanımıyordu ve güvenip güvenmeyeceğini bilmiyordu. Üzerinde fazla baskı oluşmaması için devam etmesini rica ettim.

"Bana ne düşündüğünüzü söylemek ister misiniz?"

"Utanıyorum!"

"Neden utanıyorsunuz?"

"Olanlardan."

"Peki, ne oldu?"

"Şey..." dedi duraksayarak. "Bir meslektaşım ona söylemiş."

Net bir resim çizebilmek için sorularıma devam etmek zorundaydım.

"Kime?"

"Şefime."

"Ona ne söylemiş?"

"Tuvalette ağladığımı duyduğunu."

Sessizlik.

"Bu doğru mu?"

Başıyla onayladı.

"Lütfen konuşmaya devam edin."

"Birkaç gün önceydi. Sanırım beni izledi ve doğru zamanın gelmesini bekledi."

"Ve sonra o doğru zaman geldi."

"Evet."

"Ne zaman geldi?"

"İki gün önce."

"Ne oldu o zaman?"

"Ben..." dedi tekrar duraksayarak. "Tuvaletteydim, o da kapıya vurdu."

"O an ağlıyor muydunuz?"

"Evet."

"Peki, sonra ne oldu Norma?"

"Kapının vurulduğunu duyduğumda korktum. Sesini duyunca daha da çok. İyi misiniz? Cevap verin, lütfen kapıyı açın, dedi. Bir anda kendimi çok çaresiz hissettim. Kalbim git gide daha hızlı atmaya başladı, kan ter içinde kaldım ve bir yere oturdum. Bayılacak gibiydim ve kendimi çok kötü hissettim..."

"Ne kadar kötü?"

"Şey gibi... az sonra ölecekmişim gibi hissettim!"

Bana baktı.

"Ne demek istediğimi anlıyor musunuz?"

Hızlı kalp atışı, ter boşalması, düşük tansiyon hissi, ölüm korkusu... Elbette nedden bahsettiğini biliyordum. Panik atağı tarif ediyordu. Vakayı üstlenirsem başıma neler geleceğini hayal etmeye çalıştım. Sonra bu düşünceleri kafamdan attım: Sıkı çalışmamız gerekiyordu. En güzeli hemen başlamaktı.

"Ne demek istediğinizi anlıyorum."

Norma benimle analize başladığında 46 yaşındaydı. Bu tarihten iki yıl önce kocası Esteban'la boşanmıştı. Facundo adında bir oğlu vardı ve 17 yaşındaydı.

Dört ön görüşmeden sonra analize başlamaya karar verdik. Öncelikle karşılıklı olarak oturmamız gerektiğine karar verdim. Çünkü kendisiyle ilgili konuşurken yatay pozisyonda olmaya hazır değildi.

"Esteban hayatımdaki tek erkekti," diye anlatmaya başladı Norma ilk seanslarda birinde.

"Bu, başka kimseyle yatmadığınız anlamına mı geliyor, yoksa daha önce hiç kimseyle flört etmediğiniz mi?"

Başını eğdi, görünüşe göre bu konu onu rahatsız ediyordu.

"İkisi de."

"Anlatın lütfen, o zaman nasıl oldu?"

Kısa bir süre suskun kaldıktan sonra devam etti.

"Komşuyduk. Birbirimize sadece bir çapraz sokak uzaklıktaydık. O tarihlerde bütün çocuklar bizim mahallemizdeki devlet okuluna gidiyordu. Aynı yaşta olduğumuz için, aynı zamanda okula başladık ve ilkokul sonuna kadar aynı sınıfta okuduk.

O tarihlerde!

Norma genç bir kadındı. Yine de çocukluğu ve gençliğiyle ilgili konuşurken, sanki asırlar öncesinden bahsediyor gibiydi. Ama geçici olarak bu konudan bahsetmedim. Kendisiyle ilgili biraz daha detaylı konuşmaya başlamıştı ve bu esnada onu kesinlikle bölmek istemiyordum.

"Sonra ben ortaokula başladım ve o da meslek okuluna gitti. Ama siz de o tarihlerde nasıl olduğunu bilirsiniz, öyle değil mi?"

"Tam olarak neyi kastediyorsunuz?"

"Yani, insanlar birbirlerini bir şekilde görmeye devam ederlerdi. Sokakta, alışverişte, dans akşamlarında karşılaşırdık. Bilirsiniz."

Başımla onayladım.

"Siz de o zamanlarda dansa gider miydiniz?"

Ona baktım ve düşündüm. Soruya cevap vermeyebilirdim. Bazen öyle yapardım ama rahatlamış görünüyordu ve bu sayede bunun aramızda özel bir bağ oluşturabileceğini düşündüm. O zaman kendisini bana daha yakın hissederdi.

"Evet, elbette. Çok güzeldi."

"Evet gerçekten güzeldi," dedi heyecanlı bir ifadeyle.

İlk defa gülümsüyordu ve normalde kaygılı olan yüz ifadesi yok olmuştu.

"Bununla ilgili konuşmak ister misin?"

"Tamam. Bugün artık pek belli olmasa da gençken oldukça güzel bir kızdım, birçok çocuk benimle dans etmek isterdi. Gerçekten çok fazlaydılar," dedi ve bu durumu özlercesine tebessüm etti.

"Peki, siz onlarla dans ettiniz mi?"

"Neredeyse hiç!"

"Neden?"

"Çünkü... gözüm Esteban'dan başkasını görmüyordu. O çok şeydi..."

"Neydi?"

"Çok yakışıklı ve olgun biriydi, gerçek bir erkekti. Çok güzel bakıyordu ve sakin bir sesi vardı. Diğerlerinden farklıydı işte."

"Ve siz de ona aşıktınız, anladığım kadarıyla."

Kıpkırmızı oldu.

"Belli oluyor mu?"

"Evet."

"Sanırım bunu o zaman da anlıyorlardı. Zaten her zaman kolay anlaşılır biri olmuşumdur."

"O halde o da kendisine ne hissettiğinizi biliyordu, öyle değil mi?"

"Evet, elbette. Ama o zamanlar her şey çok farklıydı."

"Neye göre farklıydı?"

"Bugünkünden farklıydı."

"Neden? Bugün ne oluyor ki?"

"Gençler günümüzde daha cesurlar. Eskiden kızlar öyle kolay kolay erkeklerle flört edemezdi."

Gülümsedim.

Norma sustu. Bakışları ansızın değişti. Yolunda gitmeyen bir şey vardı, orası netti. Birden ciddileşmişti. Onu neyin rahatsız ettiğini bilmiyordum ama mutlaka bulmalıydım.

"Ne oldu? Söylediğim ya da yaptığım bir şeye mi kızdınız?"

Gerilmiş bir halde dişlerini sıktı ve kendini kontrol etmeye çalışırcasına derin bir nefes aldı.

"Lütfen söyleyin!"

Hafifçe öne doğru eğildim ve o da içgüdüsel olarak geriye yaslandı. Sanki aramızdaki küçük sehpanın üstünden üzerine atlayacağımdan ve onun canını acıtacağımdan korkuyor gibiydi.

"Gerçekten ne olduğunu bilmiyorum..." diye devam ettim "... bana ne olduğunu söyleyebilir misiniz?"

Bana baktı.

Bana gülünmesinden hoşlanmıyorum. Anlattığım şeyler aptalca olsa bile... Bu benim hikayem. Ve sizin benim geçmişimle eğlenmeniz beni incitiyor.

Bu kadın neden bahsediyordu? Delirmiş miydi? Ne zaman onun hikayeleriyle eğlenmiştim? Bana istediği gibi saldırmaya hakkı yoktu. Ama... bir dakika! Hakkı yok gibi bir cümleyi nasıl kurabilirdim? Ne diyordum ben?

Kendi açımdan, farkında bile olmaksızın ona kızmaya başladığımı ve kısa bir anlığına rolümün dışına çıktığımı kavradım.

Neyse ki eski analistim Gustavo'nun sözleri tam zamanında aklıma geldi.

"Seans sırasında siz kendiniz değilsinizdir, bunu unutmayın. Siz, hastanızın tüm korkularını, sıkıntılarını ve sorunlarını yansıttığı bir beyaz perdesiniz. Odanız, hastanızın geçmişte yaşadığı olası tüm sahneleri tekrar yaşadığı bir sahnedir. Bazen üzerinize düşen rol, hastanızın bir zamanlar aşık olduğu biri olabilir. Ancak nefret ettiği birinin rolünü de üstlenebilirsiniz. Ama söz konusu olan siz değilsinizdir, sakın o kadar önemli olduğunuzu sanmayın."

Böylesi anların üstesinden doğru bir şekilde gelmek, bir psikanalistin en zor görevlerinden biridir. İnsan beklenmedik bir şekilde, asla dışa vurmaması gereken duyguları tarafından ele geçirildiğini fark eder. Tıpkı analistin net düşünme yetisine zarar vermemeleri gerektiği gibi.

Birkaç kez derin nefes aldım ve asıl önemli olan şeye odaklandım: Hastama!

"Bir yanlış anlamanın söz konusu olduğunu söylememe izin verin lütfen. Bir sebepten dolayı hikayenizle eğlendiğimi düşünüyorsunuz ve bunu tabii ki saygısızca buluyorsunuz. Ama gerçekten yanılıyorsunuz."

"Bana yalan söylemeyin. Sizi gördüm."

"Bu doğru değil."

"Yalan söylediğimi mi iddia ediyorsunuz?"

"Hayır. Size yalan söylediğinizi söylemiyorum, sadece yanıldığınızı söylüyorum. Biliyorum, sizin söylediğiniz gibi olduğuna inanıyorsunuz. Ama bırakın anlatayım, olur mu?"

Tüm bunları yumuşak ve sakin bir ses tonuyla söyledim. Agresif bir etki uyandırmak istemiyorum ama vicdan azabı çekiyormuşum gibi de görünmek istemiyorum, o zaman söylediğinin onaylandığını hissedecektir. Bu yüzden sesime mümkün olduğunca nötr bir ton takınmaya çalıştım.

"Bakın," diye devam ettim. "Az önce 'o zamanlar' farklı olduğunu söylediniz, bir kızın erkeklerle rahatlıkla flört edemediğini ve..." Birden anladım! "Size gülümsediğim için mi sinirlendiniz?"

"Evet."

"Ama ben hikayenizle eğlenmedim."

"O zaman neden gülümsediniz?"

Yine gülümsedim.

"Az önce ifade ettiğiniz şeyi... bunu uzun zamandır duymamıştım. Bir kız o zamanlar erkeklerle flörtleşmezdi dediniz. O anda kendi gençliğimi düşündüm. Biz de öyle derdik: Biriyle flörtleşmek. Birini baştan çıkarmak ya da ona benzer bir şey değil!" Ona, onunla anlaşmak isteyen gözlerle baktım. "Bunu uzun zamandır duymamıştım. İnanılmaz, öyle değil mi?"

"Ne demek istiyorsunuz?"

"Bir kelimenin bu kadar çok anıyı ortaya çıkarabildiğini."

Bu onun güvenini kazanabileceğim bir andı.

"Yani özür dilerim. Ama siz bunu anlattığınızda ben de o zamanları özlediğimi fark ettim, ne de olsa aynı zaman diliminde büyüdük."

Bakışları yumuşadı ve daha az gergin görünüyordu.

"Doğru," dedi gülümseyerek.

Bu seans analizin ilerleyişi adına çok önemliydi. O andan sonra Norma çok daha rahattı ve derin korkularından daha fazla söz etmeye başladı. Ve evet, bana çok fazla güvenmeye başlamıştı.

Fikirlerime olan bağımlılığı neredeyse hastalıklı bir hal almaya başladı. Her konuda fikrimi alıyordu ve korkuya kapıldığı anlarda onu sadece ben sakinleştirebiliyordum.

Bir psikanalist için bu her zaman hoş bir durum olmayabilir. Hastanın kendisini iyi ve güvende hissetmesi onu tedavi eden kişiye bağlı olur. Sıkı bir ilişki içinde olmak dikkatli olmayı gerektirir, çünkü analistin ağzından çıkan her bir kelimenin inanılmaz bir gücü vardır. Ama bu vakada durum bu merkezdeydi ve ben de öncelikle bu durumu kabul ettim. Dediğim gibi, çok da hoş bir durum değildi. Ama söz konusu olan benim iyi hissedip hissetmemem değildi; görevim yardım etmekti.

Analize aylarca devam ettik. Bazen her şey durma noktasına geliyordu, sonra ağır ağır ve olabildiğince devam ediyordu. Ritmi Norma belirliyordu. Ona dikkatli davranmam gerekiyordu, eğer küçücük bir şey fazla gelecek olsa, bu olası tüm korkularını uyandıracaktı.

O günü gayet net hatırlıyorum. Bir çarşamba günüydü ve yağmur yağıyordu. Başka bir hastamla yaptığım seansın ortasında kapıya vuruldu. Şaşırdım. Sekreterim Adriana, gerçekten önemli durumlarda seansımı bölebileceğini biliyordu. Sanırım bu öyle bir durumdu. Hastamdan özür diledim ve kapıya gittim.

"Ne oldu?"

"Özür dilerim ama telefonda sizinle görüşmek isteyen bir kadın var. Çok önemli olduğunu söylüyor."

Bir kez daha özür diledim ve telefonla konuşmak için karşılama odasına gittim.

"Alo?"

"Bay Rolón mu?"

"Evet."

"Rahatsız ettiğim için özür dilerim. Ben Verónica, Norma Valverde'nin iş arkadaşıyım."

Nabzım hızlanmaya başladı ve zihnim cin gibi oldu.

"Bir şey mi oldu?"

"Benden sizi aramamı rica etti."

"Peki neden kendisi aramadı?"

Sakin ve soğukkanlı olmaya çalışıyordum.

"Norma kendisini tuvalete kilitledi. Oradan çıkmayacağını söylüyor ve birazdan öleceğini söylüyor. Sizi aramam için bana yalvardı."

Muayenehanemde hastam beni bekliyordu. Adriana meraklı gözlerle bana bakıyordu. Telefondaki kadının sesi gergindi ve ben olayı gözümün önünde canlandırabiliyordum: Norma kendisini şirketindeki tuvalete kilitlemişti, yerde yatıyor ve ağlıyordu. Müdürü ve diğer iş arkadaşlarından bazıları gergin, bazıları şaşkın veya meraklı bir şekilde kapının diğer tarafında bekliyor ve onu tuvaletten çıkarmaya çabalıyorlardı.

"Beni bir cep telefonundan mı arıyorsunuz?" diye sordum.

"Evet."

"Telefonu Norma'ya verir misiniz?"

"Ama beni anlamıyor musunuz, kendisini kilitledi."

"Elbette anlıyorum. Sizden sadece onun yanına gitmenizi ve telefonda olduğumu, onunla konuşmak istediğimi söylemenizi rica ediyorum."

"Ama kapıyı açmazsa cep telefonunu ona veremem!"

"Biliyorum!" dedim bir parça sinirlenerek, ne de olsa bu son derece doğal bir şeydi.

"Ah tabii ya, siz aradığınız için kapıyı açacağını düşünüyorsunuz."

"Bilmiyorum ama bir deneyin lütfen."

Sesim kulağa otoriter gelmiş olmalı, en azından kadın şaşkındı. Başka hiçbir şey söylemedi. Bunun yerine, sanki elinde telefonla yürüyormuş gibi bir sürü gürültü ve ses duyuyordum.

"Geldim," dedi kadın kısaca. "Şimdi ne yapacağım?"

"Norma'ya gayet sakin bir şekilde benim kendisiyle görüşmek istediğimi söyleyin."

Kısa bir sessizlik.

"Norma, aç lütfen..."

"Hayır!" diye kesti kadının cümlesini. "Ondan kapıyı açmasını istemeyin, ona sadece benim onunla konuşmak istediğimi söyleyin!"

"Ama..."

"Lütfen, istediğimi yapın!"

Kadın rahatsız olmuştu ama talimatımı yerine getirdi. Norma birkaç dakika sonra telefonu içeriye vermeleri için kapıyı bir karış açmıştı. Telefonu alıp kapıyı tekrar kilitledi.

"Merhaba Norma."

Sessizlik.

"Beni duyuyor musunuz? Benim, Gabriel Rolón."

Hâlâ bir şey söylemiyordu. Bunun yerine hıçkırıklar duyuyordum.

"Merak etmeyin, her şey düzelecek. Korkmayın."

"Bay Gabriel..." dedi nihayet ağlayarak "...öleceğim, biliyorum biraz sonra öleceğim."

"Hayır, bu doğru değil. Şu anda son derece zor bir şey atlatıyorsunuz, bunu anlıyorum. Ama söz veriyorum birazdan ölmeyeceksiniz."

Hâlâ ağlıyordu.

"Öleceğim, bunu biliyorum."

Onu, az sonra öleceği fikrinden uzaklaştırmalı ve başka şeyler düşünmesini sağlamalıydım.

"Ayakta mı duruyorsunuz? Yoksa yerde mi yatıyorsunuz?"

"..."

"Lütfen cevap verin. Ayakta mısınız, yerde misiniz?"

"Yerde oturuyorum," dedi sonunda duraksayarak.

"Işık açık mı?"

"Hayır."

"O zaman beni iyi dinleyin. Işığı açmanızı istiyorum."

"Hayır, hareket etmeye cesaret edemiyorum."

"Korkmayın, inanın bana size hiçbir şey olmayacak. Şimdi sadece ışığı açın."

"Yapamam."

"Evet, yapabilirsiniz! Hadi!"

Cevap birkaç saniye sonra geldi.

"Hallettim."

"Işığı açtınız mı?"

"Evet."

"Gördünüz mü, hiç de zor değildi. Tuvaletin duvarları ne renk söyler misiniz?"

"Ne?"

"Tuvaletin duvarlarının ne renk olduğunu bana söyler misiniz diye sordum."

"Bilmiyorum."

"Bir bakın o zaman."

"Bej."

"Peki fayanslı mı?"

"Evet."

"Fayanslar tek renk mi?"

"Hayır."

"Üstlerinde desen var mı?"

"Bilmiyorum... yapraklar ya da küçük kuşlar olabilir."

"Norma, bir yaprakla bir kuş farklı şeyler." Gergin olmama rağmen, sohbetimizin bu bölümü bana keyif veriyormuş gibi davranmaya çalıştım. "Korku yüzünden kafanızın karışmasını anlıyorum ama yine de yapraklarla kuşları birbirinden ayırt edebileceğinizi düşünüyorum, sizce de öyle değil mi?"

"Tamam, daha dikkatli olurum ama siz kızmayın."

"Hayır, elbette kızmadım. Sadece bana fayansların üstünde ne olduğunu söyleyin."

Bu şekilde bir süre daha devam ettik. Kelimeleri tam olarak hatırlamıyorum ama önemli olan Norma'nın konuşmasıydı, neyle ilgili olduğunun bir önemi yoktu. İlerleyen dakikalarda ona ayağa kalkmasını ve yüzünü yıkamasını söyledim. İyice sakinleşmişti ve bana beni görmek istediğini söyledi. Benim açımdan bunun memnuniyet verici olacağını ama sadece muayenehanemde görüşebileceğimizi ve bunun için tuvaletten çıkması gerektiğini söyledim. Beni haklı buldu. Yola çıkmadan önce telefonu iş arkadaşına vermesini rica ettim.

"Bayan Verónica, Norma'ya muayenehaneme kadar eşlik edebilir misiniz?"

"Evet. Sanırım onu şu anda yalnız bırakmamalıyım."

"Kesinlikle. Ayrıca bizzat size teşekkür etmek ve sizden özür dilemek isterim."

Sessizlik.

"Alo?"

"Evet, sizi duyuyorum."

"Az önce telefonla konuşurken beni azarlamak istediniz, öyle değil mi?"

"Doğruyu söylemek gerekirse evet."

Gülümsediğini hissettim.

"Güzel. O halde Norma'ya buraya kadar eşlik edin, azarlama işini burada telafi edersiniz..."

Bu noktada önemli bir karar verdim: Norma'nın vakasında bir psikiyatristle birlikte çalışacaktım. Böyle bir şey Norma'nın başına bir daha gelmemeliydi, görünüşe göre ilaç tedavisi desteğine ihtiyacı vardı, çünkü bir psikolog olarak benim ilaç yazma iznim yok. Bu sebeple vakit kaybetmeden, ekibimde medikalden sorumlu olan Dr. Carreiro'yu aradım.

"Manuel, hastamı mutlaka görmelisin. "Ona vakayı telefonda anlattım ve Norma'nın en kısa sürede ona gitmesi konusunda anlaştık. Ayrıca Manuel Carreiro sadece psikiyatrist değildi, aynı zamanda psikoterapi eğitimi görmüştü, bu yüzden de ilaçla tedavinin yanı sıra hastasıyla duygusal bir bağ kurabiliyor, onu detaylı bir şekilde sorgulayabiliyor ve dinliyordu. Onunla hızla anlaşmaya varmıştık. Buna karşın Norma'yı bir psikiyatristle çalışmaya ikna etmek pek kolay olmadı.

Birçok hasta, psikiyatriste gitme önerisine karşı savunma mekanizmasını devreye sokar. Kendilerine deli damgası vurulmuş gibi hissederler ve ilaç tedavisini düşünmeyi reddederler, çünkü kendilerini hasta olarak görmezler.

"Sadece ilaç içmek tek başına sizin hasta biri olduğunuzu göstermez. Aksine, ilaçlar bize hastalığımızı kontrol altına alabilmemiz için yardım eder."

Bana baktı.

"Çabalamanın bir yardımı olmaz, sadece kabul etmeniz lazım: Siz hastasınız, ister ilaç alın ister almayın! Ben de bu sorunu birlikte çözmemizi istiyorum."

"Hasta olduğuma gerçekten inanıyor musunuz?"

Bunu cevaplarken dikkatli olmalıydım. Bir hastanın sağlıklı olmadığını kabul etmesi kolay değildir. 'Hasta' kelimesi de sıklıkla hakaretle özdeşleştirilir. Bu yüzden mümkün olduğunca dikkat etmeliydim.

"Benim psikanalist olduğumu biliyorsunuz, öyle değil mi?"

"Evet."

"Güzel. Psikanalistler psikolojik rahatsızlıklarla ilgilenirler. Bazıları hafiftir, bazıları ağır. Şöyle düşünün, doktora gidiyorsunuz. Belki grip oldunuz, belki sadece bir soğuk algınlığı. Belki de böbrek ağrısı veya çok daha ciddi bir şey. Her halükarda hastasınız. Bazı doktorlar size yatmanız ve dinlenmeniz gerektiğini söyleyecektir, başkaları bir antibiyotik yazacaktır veya daha ayrıntılı bir kontrol için uzmana gönderecektir. Öyle değil mi?"

"Evet."

"Sizin durumunuz da benzer: Bazı hastalar sadece üzgün veya sorunlar yüzünden depresyonda, buna karşın başkaları tıpkı sizin gibi, semptomları yüzünden rutin hayatının üstesinden gelemeyecek durumda. Sizde de böyle oluyor, öyle değil mi? Başınıza gelen şey hayatınızı epey bir zorlaştırıyor, doğru mu?"

Başıyla onayladı.

"Atlattığınız şey son derece rahatsız edici olmalı diye düşünüyorum."

Derin bir sessizlik.

"Korkunçtu."

"Anlatır mısınız?"

"Kapıyı açmak ve tuvaletten dışarıya çıkmak... Neredeyse hiçbir şey bana bu kadar zor gelmemişti. Dışarıdaki herkesin içerideki 'delinin' çıkmasını beklediğini düşünüyordum. Yere baktım, kimsenin gözüne bakmak istemiyordum. Verónica elimi tuttu, bende kolumu omzuna attım. Beni bu şekilde arabaya götürdü. Beni en çok neyin şaşırttığını biliyor musunuz?"

"Hayır."

"Yolda kimseyle karşılaşmadım, düşündüğümün aksi oldu."

Hiçbir şey söylemedim. Verónica bunu çok iyi düşünmüştü, Norma'nın sakin bir şekilde ofisinden çıkması için diğerlerinden odalarına gitmelerini rica etmişti.

“Yine de ilaç konusu beni korkutuyor.”

“Şöyle yapalım: Manuel’in muayenehanesine gidip onunla sohbet edin ve ne söyleyeceğine bir bakın. Sonra tekrar buluşup konuşmaya devam edelim. Kaybedecek bir şeyiniz yok. Aksine, bir başka kişinin de fikrini almış olursunuz. Kimse sizi istemediğiniz bir şey yapmaya zorlamıyor. Anlaştık mı?”

Çok da ikna olmamasına rağmen kabul edene kadar bir süre daha konuştuk. Böylelikle meslektaşım Manuel’in muayenehanesine gitti, sonra konuşmaya devam ettik ve ilaçları almayı kabul etti. Başlamadan önce, sonraki dönemde yaşanacak süreci konuşmak için Manuel’le tekrar buluştuk.

En önemlisi ofisteki gibi bir atağın tekrarını önlemekti. Eğer Norma, her an ölebileceğine dair daimi bir korku içinde olursa analiz pek bir işe yaramazdı. Bu noktada korku düşünceleri engellenmeliydi. Manuel bu sebeple dilde eriyen hafif bir anksiyete ilacı seçmişti. Bunun şöyle bir avantajı vardı: Norma, şayet korktuğu durumun geleceğine dair işaretler hissedecek olursa, elinin altında hızla etki eden bir ilaç olduğunu bilecekti. Bazen hastanın eline onu sakinleştirecek ve ona korkularına karşı savunmasız olmadığını hissettirecek bir şey vermek çok önemlidir. O andan itibaren etkiyi dikkatli bir şekilde izlemek çok önemliydi, çünkü Norma’nın başka ilaçlara ihtiyaç duymayacak olması muhtemeldi, aksi takdirde tedaviye bir antidepresan takviyesi gerekebilirdi. Ve nihayetinde Norma’nın durumunda bunun gerekli olduğuna kanaat getirdik. Bu da psikiyatrist meslektaşımla daha yoğun bir işbirliği içine girmemizi gerektiriyordu. Çünkü ancak üç, dört hafta sonra ilacın istenilen şekilde tesir edip etmediği ya da ilaç tedavisinin değiştirilmesi gerekip gerekmediği belli olacaktı.

Bir sonraki buluşmamızda Norma'yla bu konuyu konuştum. Ona, ilacın etkisini birkaç hafta içinde göstereceğini ve tüm değişiklikleri, iyi ya da kötü her şeyi anlatması gerektiğini söyledim.

"Siz Bay Manuel'le hep iletişim halindesiniz ama öyle değil mi?" diye soruyordu Norma sürekli.

Onunla ilgilendiğimi ve tedaviyi yönetmeye devam ettiğimi bilmek onun için önemliydi.

"Elbette," dedim.

Ancak ona bir şey daha söylemem gerekiyordu, neticede atılan bu adımlar ciddi müdahalelerdi ve bunu anlamasını sağlamalıydım.

"Ne oldu?" diye sordu Norma. "Çok ciddi görünüyorsunuz?"

"Ben ciddi bir insanım Norma," diyerek espri yapıyordum durumu yumuşatmak için.

"Tamam, o zaman meselenin ne olduğunu söyleyin lütfen."

"Size bir şey soracaktım. Bir süre izin almaya ne dersiniz?"

Sessizlik.

"Tatil. Psikolojik sebepler yüzünden diyorsunuz, öyle mi?"

"Nasıl derseniz."

Huzursuzlandı.

"Ama çalışmam lazım."

"Çalışın zaten. Sadece bir çeşit mola vermenizi önermeye çalıştım, şu kriz geçene kadar."

Tek bir kelime etmeden bana bakıyordu. Konuşmaya devam ettim.

"İş hukuku böyle bir hak tanıyor. Siz zor bir dönem atlatan ve bu yüzden biraz ara vermek zorunda kalan ne ilk ne de son çalışansınız. Bu şey gibi..."

"Biliyorum, sanki apandisitimi aldırmak zorunda olmam gibi."

"Kesinlikle."

"Yine de aynı şey değil. Bir apandisit ameliyatından sonra işyerine döndüğünüzde, insanlar size aklınızı kaçırdığınız için izin almışsınız gibi bakmazlar!"

"Siz aklınızı kaçırmadınız."

"Ama şu anda çalışamayacağımı siz söylüyorsunuz, öyle değil mi?"

"Böyle söylemedim, bir süre mola verseniz iyi olur dedim. Hiç çalışmamanız gerektiğini söylemedim, bu kadar kötü değil."

Önemli olan kendi kararını vermesiydi, ben öyle söylüyorum diye yapması değil.

"Eğer çalışmaya devam etmek istiyorsanız çalışın. Görevim gereği size sadece benim bakış açıma göre böylesinin daha iyi olacağını söylemek istedim. Ama kararı kendiniz vereceksiniz."

Bir analist olarak hastalarımın hayatlarını bu denli somut bir şekilde etkilemeye çalışmam. Ama bu vakada önemliydi. Norma sustu ve seansın sonuna kadar, üstelik bir sürü zamanımızın olmasına rağmen tek kelime etmedi, tıpkı benim gibi.

Neticede sağlık sorunları sebebiyle izin almaya razı oldu.

Bu durum onda çok önemli bir değişikliğe neden oldu: Gözle görülür bir şekilde rahatladı, neredeyse mutluydu. Bunu takip eden zaman diliminde ayrıntılı bir şekilde geçmişiyle ilgili konuştuk.

On altı yaşında Esteban'ın kız arkadaşı olduğunu anlattı. İlişkileri ortak bir kız arkadaşlarının doğum günü partisinde başlamıştı. Terastaydılar ve bir süre sonra yavaş yavaş bir oyun dönmeye başlar. Sonunda, Luis Alberto Spinetta'nın *Muchacha ojos paple* şarkısı çalmaya başlayınca Esteban onu dansa kaldırır.

Kadının adamın dansını kabul etmesi, ondan hoşlanması anlamına geliyordur. Ve onu reddetmek istemez. Onlar dahil herkes bu durumun farkındadır.

Böylelikle dans etmeye başlarlar. Norma başını onun omzuna yaslar ve Esteban da onun saçlarıyla oynamaya başlar. Buna karşı çıkmadığını fark edince boynunu okşar. Norma içinde bulunduğu duruma inanamaz, ne de olsa uzun zamandır bu anı hayal ediyordur.

"Bu an hiç bitmesin," der kendi kendine. Ve adam durmaz.

Norma'nın başını iki elinin arasına alır, yüzüne sanki izin ister gibi bakar ve sonra uzun uzun ve içten bir şekilde öper.

"Sanırım böylesine derin bir duygu hayatım boyunca yaşamadım," dedi Norma.

O akşamdan sonra hiç ayrılmadılar. Norma'nın ailesi bu duruma şaşırmıyordu, her zaman ikisinin birbiri için yaratıldıklarını düşünmüşlerdi, bu yüzden de bu ilişkiyi destekliyorlardı.

Norma bir yıl sonra Esteban'la ilk cinsel deneyimini yaşamıştı.

"Nasıl oldu?"

"Güzel ama garip."

"Garip olan neydi?"

"Onun önünde soyunmak. Beni çıplak görmesi."

Bu konu hakkında konuşmakta zorlanıyordu. Utancının üstesinden gelmeye çalışıyordu.

"Ve onu öyle görmek..." Güldü. "Her şey çok garipti."

"Ama görünüşe göre yoğun yaşamışsınız ve tadını çıkarmışsınız."

"Evet, aynen öyle oldu. İlahi bir tarafı vardı... biraz beceriksiz olmasına rağmen."

"İlahi insanlar belki de cinsel konularda pek de becerikli değillerdir, öyle değil mi? Ayrıca onun da ilk tecrübesiydi, bana öyle söylemiştiniz."

"Evet. Bilmiyordu... Şeyi bulamamıştı... Yani şey, anlıyorsunuzdur."

Başımla onayladım.

Norma'nın cinsel yaşamı olabilecek en iyi şekilde başlamıştı: Onu seven, şefkatli, güveneceği ve tutkusunu paylaşabileceği biriyle birlikteydi. Böylelikle ilişkileri kaçınılmaz bir biçimde hızla ilerlemeye başlamış, ikisi de on dokuz yaşına geldiğinde evlenmeye karar vermişlerdi.

"Neden o kadar erken?" diye sordum.

"Esteban kendisini evde huzursuz hissediyordu. Babası oldukça saygısız ve başına buyruk bir adamdı, annesi ise sürekli depresyona girip yataklara düşüyordu. Esteban annesini çok seviyordu ama yine de evde olmaya dayanamıyordu."

"Peki siz?"

"Ben... Annemle babam oldukça yaşlıydı, iç savaş mültecileri olarak İspanya'dan buraya gelmişlerdi. Benimle çok fazla konuştuklarını söyleyemem. Daha önce size anlatmıştım, ben onlara geç yaşta gelen bir hediye gibiydim. Kardeşlerim olmadı. Her şey çok tuhaftı."

"Tuhaf derken neyi kastediyorsunuz?"

"Sürekli kendi kendime beni evlatlık mı aldılar acaba diye sormamı!"

"Onlara sormadınız mı?"

"Asla." Bana dehşet dolu gözlerle baktı. "Siz psikologlar her şeyin konuşulabilir olduğunu düşünüyorsunuz. Ama bazı konular ebeveynler ve çocuklar arasında çok zor zikrediliyor."

"Zor olması, imkansız olduğu anlamına gelmez."

"Doğru. Ama ben yine de onlarla bu konuyu konuşmadım."

"Yani kuşkunuzu onlara söylemediniz."

"Hayır, zaten onlarla neredeyse hiçbir şey paylaşmazdım, bu onlarla konuşamadığım tek konu değildi."

"Peki neden?"

"Dediğim gibi, çok yaşlıydılar ve kendi meseleleriyle meşguldüler. Hayatım farklı olmalıydı. Zaten biz..."

"Biz derken kimi kastediyorsunuz?"

"Esteban ve ben, biz... biz sürekli birlikte olmak istiyorduk, anlıyor musunuz?"

"Yani, bütün zamanınızı birlikte geçirmek mi istiyordunuz?"

"Hayır." Yüzü kıpkırmızı kesildi. "Birlikte olmak istiyorduk."

"Ah, demek sürekli cinsel birliktelik istiyordunuz."

Elleriyle yüzünü kapadı.

"Böyle söylemeyin..."

Durumu nasıl ifade edersek edelim, bu gençler birbirlerini destekleyerek aileleriyle yaşadıkları evden kopmak istiyorlardı, bu ve cinsel çekim sebebiyle de evlenmeye karar vermişler. Sıklıkla böyle bir şey yolunda gitmez, bireyler bir kaçış şeklinde değil de daha çok taşınmak suretiyle evlerinden ayrılırlar.

Neticede oğlu Facundo dünyaya gelmişti ve uzun süre üçü oldukça mutluydular. Ama ne kadar? Norma bunu birkaç seans sonra anlatacaktı.

İlaçlar etkisini gösteriyordu. Norma daha az korkuyordu ve üzülmeden geçmişinden bahsedebiliyordu. Bu sayede daha derinlere inebiliyorduk.

"Anlayamıyorum!"

"Neyi anlayamıyorsunuz?"

"Esteban'la bu duruma nasıl geldiğimizi. Çok iyiydik, çok mutluyduk. Sadece onun için yaşıyordum."

"Peki Esteban bundan hoşlanıyor muydu?"

Bana baktı ve bakışlarını yere eğdi.

"Öyle olduğunu düşünüyordum. Ama sanırım öyle değilmiş. Yoksa şu an olan şeyler olmazdı."

"Tam olarak ne oldu?"

"Natalia."

Norma'nın gözleri doldu ve bir süre konuşamadı. Sonunda devam etti.

"Esteban bir akşam benimle konuşmak istedi ve her şeyi itiraf etti."

Esteban ona iki yıldır başka bir kadınla ilişkisi olduğunu anlatmıştı, adı Natalia'ydı ve kendisinden on yaş küçüktü. Evliliğini kurtarabilmek için Natalia'ya olan duygularına karşı savaşmıştı ama artık gücü kalmamıştı. O Natalia'ya aşık olmuştu ve Norma'dan ayrılmak istiyordu. Utanarak ve son derece dikkatli bir şekilde af diledi ve evden taşınacağını bildirdi.

"Kararıyla ilgili benimle konuşmaya gerek bile duymadı. Bana ilişkimiz için savaşma şansı tanımadı.

Ona baktım, bu durumun onun için ne kadar acı verici olduğunu ve hâlâ canını acıttığını tahmin edebiliyordum. Artık meseleye belli bir mesafeden bakabiliyor ve analiz edebiliyordu. Artık başlangıçta olduğu gibi dikkatli ve ölçülü olmak zorunda değildim.

"Esteban'ın sizinle konuşacak hiçbir şeyi yoktu, çünkü sizinle ayrılmaya çoktan karar vermişti. Savaşma konusuna gelince, bildiğiniz gibi bunun için iki kişi olmalı, eğer iki kişiden biri savaşmazsa olmaz. Ve sizin anlattığınıza göre Esteban savaşmak istemiyordu."

Norma bu seansta çok ağladı ve bunu takip eden seanslarda ayrıntılı olarak bu kaybetme tecrübesinden bahsettik. Esteban'la olan ilişkisinin tekrar üzerinden geçtik. Norma, "İyiydik, çok mutluyduk!" demişti. Görünüşe göre onun için aynı şey söz konusu değildi.

Zaman ve günlük hayat, ilişkilerinde bazı izlerin ortaya çıkmasına sebep olmuştu. Norma kadın ve sevgiliyken, eş ve anne olmuştu. Evin tertemiz ve derli toplu olması, akşam Esteban işten geldikten, çocuk da ev ödevlerini yaptıktan sonra hep birlikte hazır olan masaya oturmaları yeter sanıyordu. Ama bunlar Esteban için mutlu bir ev hayatı anlamına gelmiyordu. O, onu arzulayan ve projelerini destekleyecek, hatta bazı şeyleri riske edecek birini arıyordu. Bu açıdan bakıldığında Norma yıllarını boş geçirmişti. Sonunda bununla ilgili bir şeyler yapmaya karar verdiğinde her şey için geçti.

Ayrılma medeni bir şekilde gerçekleşmişti. Norma bu zamanı büyük bir kriz yaşamadan atlatmıştı.

Esteban bir yıl sonra, Natalia'nın mesleki sebeplerle İspanya'ya taşınmak zorunda olduğunu ve kendisinin de ona eşlik edeceğini söyledi. Bu Norma için başka bir darbeydi ama oğlu Facundo için de.

"Tam da babasına en çok ihtiyacı olduğu anda gitti. Ben onun yerine de geçtim ve iki rolü de üstlenmeye çalıştım."

Bu konunun üstünde de çok çalıştık. Norma, belki dünyanın en iyi annesi bile olabileceğini biliyordu, ancak asla babasının yerine geçemezdi. Bu onun için olduğu kadar oğlu için de sağlıksızdı. Bunun yanı sıra, Esteban uzakta yaşıyordu ama kesinlikle ilgisiz bir baba değildi.

Norma analiz sırasında gayet iyi çalışıyordu, ilerleme gösteriyordu ve bir süre sonra, yeni korkuları ve kederleri de beraberinde getirecek olan diğer terapi adımına geçme vakti gelmişti.

"İstemiyorum. Bunu neden yapmalıyım ki?"

"Çünkü zamanının geldiğini düşünüyorum."

"Ama böyle gayet iyiyim."

"Olabilir ama bütün hayatınız boyunca böyle devam edemezsiniz, sizce de öyle değil mi?"

"Neden olmasın?"

"Çünkü dışarıdaki dünya yok olmadı ve iyi hissetmediğiniz için kendinizi izole etmeniz gerekmiyor."

Sessizlik.

"Eskisi kadar korku hissetmediğinizi ve kendinizi daha iyi hissettiğinizi biliyorum. Siz de sırf bu yüzden bile tekrar dünyanın meydan okumalarına karşı durmanız gerektiğini düşünmüyor musunuz? Hayatınız ev ve benim muayenehanemle sınırlı olamaz."

"Ama burada kendimi güvende hissediyorum."

"Bunu anlıyorum. Ama siz de bu güven duygusunun bizzat içinizden gelmesi ve bu odada olmanıza bağlı olmaması gerektiğini düşünmüyor musunuz?"

Sessizlik.

"Peki, çalışmaya ne zaman başlamalıyım?"

"Gelin buna birlikte karar verelim." Onu da dahil etmeye çalıştım, bunun analizin bir parçası olduğunu ve benim onu herhangi bir şeye zorlamadığımı anlamalı ve hissetmeliydi.

"Bilmiyorum, bana birkaç seans zaman verin, öncelikle bu düşünceye alışmalıyım."

Kendisini nasıl ifade ettiği dikkatimden kaçmamıştı. Zamanı haftalarla değil, terapi seanslarıyla ölçüyordu. Amaç tam olarak bu tarz bağımlılıkları azaltmaktı; bir analizde teşvik edici şey bilgiyi ortaya çıkarma arzusu olmalıdır, yeni bağımlılıklar oluşturmak değil.

Neticede üç hafta sonra tekrar ofise gitmesine karar verdik. O gün sabah erken saatlerde ek bir seans yaptık. Bana, iş arkadaşlarının karşısına çıkmadan ve krizin dramatik bir şekilde patlak verdiği yere dönmeden önce, beni bir kez daha görmeye ihtiyacı olduğunu söyledi. Neden orada olmuştu ki? Bunu hâlâ bilmiyordum. Ama sıklıkla bir analizde olduğu gibi şimdi de iyice dinlemek ve sabretmek gerekiyordu.

Ofise geri dönmek Norma için kolay olmamıştı. Korku ve güvenli bir yerde olmama duygusu, sorunlu biri gibi davranmanın utancı, iş arkadaşlarının karşısına çıkma konusunda Norma'nın işini kolaylaştırmıyordu. Yine de cesaret etti ve elinden geldiğince üstesinden gelmeye çalıştı.

"Yarım gün kadar dayandım," dedi esprili bir şekilde, öğlen yemeği molasında beni aradığında.

Ve sadece bu ilk sabaha değil, üç gün sonra gerçekleşecek buluşmamıza kadar dayandı.

"Oldukça zorlanıyorum," dedi. "Bazen başaramayacağımı sanıyorum ama sonra derin bir nefes alıyorum, Verónica'yla konuşuyorum ve geçiyor. Huzursuzum ama tuhaf bir şekilde kontrolüm altında. Bilinçaltımda bana sürekli eşlik eden bir korku var ama beni alt etmesine izin vermiyorum. Manuel'le görüştüm, bana eğer gerekirse anksiyete ilacının dozunu arttırabileceğimi söyledi. Ancak şimdiye kadar böyle idare ettim. Güzel, öyle değil mi?"

Sorduğu son soruyla beni yine zor bir duruma sokmuştu. Benim onaylamamı duymak istiyordu ve buna ihtiyacı olduğunu biliyordum, diğer açıdan, beni karar veren merci olarak görmesini engellemem gerekiyordu.

"Siz ne düşünüyorsunuz?"

"Evet, bu güzel."

"Sevindim."

Norma birkaç hafta sonra, korkuları tamamen yok olmasa da neredeyse eskisi gibi işine iyice asılmıştı. Müdürü ve iş arkadaşları onu seviyordu ve her zaman bunu hissetmesini sağlıyorlardı. Onu destekliyorlar, yaptığı işe yardımcı oluyorlardı ve tekrar uyum sağlaması için ellerinden gelen her şeyi yapıyorlardı. Ancak bazen dünyadaki tüm destekler, korku atakları karşısında çaresiz kalır.

Öğleden sonra yaklaşık olarak üç gibi muayenehanenin telefonu çaldı. Mola vermiştim ve kahve içiyordum.

"Alo?"

Norma o kadar şiddetli ağlıyordu ki onu neredeyse anlayamıyordum.

"Alo..."

"Bana yardım edin lütfen..."

Onu sesinden çok bana yalvarma şekliyle tanıdım.

"Norma, ne oldu?"

Ağlamaya devam etti.

"Beni duyuyor musunuz?"

"Evet."

Hâlâ yalvaran sesini duyuyordum. "Bana yardım edin lütfen..." Yine analistlerin kendilerini nahoş hissettikleri bir rol üstlenecektim. Ama o anda kaçmak olmazdı.

"Elbette size yardım ederim," dedim. "Ama bunun için size ne olduğunu bilmem lazım."

"Yine oldu, tıpkı ilk kez olduğu gibi."

"Ne yine oldu?"

Cevap yok.

"Bakın, şimdi bir şey deneyelim. Bakalım ne diyeceksiniz: Kapatın ve ben sizi cep telefonunuzdan arayım. Siz de size buraya kadar eşlik edecek birini bulun ve yolda sohbet edelim. Anlaştık mı?"

"Evet."

"Tamam, o zaman şimdi kapatın. Sizi arayacağım."

Kısa bir sessizlik.

"Ne oldu?"

"Geri arayacaksınız, değil mi?"

"Tabii ki."

Norma kapattı ve ben de onu cep telefonundan aradım. Yol boyunca sohbet ettik. Muayenehaneye geldiğinde kendisini koltuğa bıraktı. Ona bir bardak su verdim. Alıp içti. Ağlamaktan gözleri kıpkırmızı olmuştu ve yüzü şişmişti. Bana, sanki çok kötü bir şey yapmış gibi suçlu gözlerle bakıyordu. Hiçbir şey söylemedim ve ne olduğunu anlatmaya başlamadan önce ihtiyaç duyduğu zamanı ona verdim. Analizi yaptığımız bu muayenehanede kendini güvende hissetmeliydi ve bu da onun sakinleşmesini sağlamalıydı. Yani beklemeye başladım ve bu sadece birkaç dakika sürdü.

"Özür dilerim," dedi sonunda ağlayarak. "Ben tam bir başarısızlık örneğiyim."

"Hiçbir şey için özür dilemenize gerek yok. Bana bir şey yapmadınız. Ayrıca başarısız biri olduğunuzu düşünmüyorum."

"Öyle mi? Bir kez daha aynı şeyi yaşadım, tıpkı ilkinde olduğu gibi. Yine nabzım hızlı attı ve titredim, yine öleceğimi düşündüm. Her şey o zaman olduğu gibiydi!"

"Olabilir. İnsanın duygularını kontrol altına alması kolay değil. Ama kendinize haksızlık ettiğinizi düşünmüyor musunuz? Biraz abartmıyor musunuz?"

Bu soruyu ona, tekrar mantıklı davranmasını sağlamak için sordum. Korkusuna takılıp kalmasını istemiyordum, bunun yerine geri adım atması ve düşünmeye başlaması gerekiyordu.

"Soruyu anlamadım."

"Demek istediğim şey şu, her şeyi yapamamak, hiçbir şey yapmamış olmak anlamına gelmez."

"Hâlâ anlamıyorum."

"Bakın, iki durumu analiz edersek, ikisinin arasında önemli farklar olduğunu görmüyor musunuz?"

"Ne gibi?"

Bir süre hiçbir şey söylemedim, ona korkusundan kurtulma fırsatı tanımalıydım.

"Evet, olanlara yakından bakalım. Bir kısmı mutlaka ilk kez yaşadığınız durum gibiydi, özellikle duygularınızla ilgili olanlar."

Başıyla onayladı.

"Başka bir açıdan baktığımızda, bu kez duygularınıza rağmen başka türlü hareket ettiniz ve bu bir ilerleme."

Bana şaşkın ve beklenti dolu gözlerle baktı. Konuşmaya devam ettim.

"İlk olduğunda beni arayacak durumda bile değildiniz. Kendinizi ağlayarak tuvalete kilitlediniz, beni arkadaşınız aradı ve kapıyı açıp oradan çıkmanız için uzun bir süre geçmesi gerekti. Hatırlıyor musunuz? Bu sefer üstesinden çok daha iyi geldiniz, sizce de öyle değil mi?"

"Olsun, yine oldu ve onu durduramadım."

"Doğru. Ama kimse bunun kolay olduğunu söylemedi. Yine de bir ilerleme var, bunu görüyorsunuz öyle değil mi?"

"Evet, gerçekten de o kadar beceriksizce davranmadım..."

Gülümsedi. O andan itibaren hava biraz daha yumuşadı. İyice sakinleşmişti. O, konuşmaya devam ederken, ben kısa bir süreliğine başka bir şey düşündüm: Kendime sürekli atağı neyin tetiklediğini soruyordum. Acaba ilk kez olanla şimdiki atak arasında bir bağ var mıydı? Varsa, neydi?

Buna cevap verecek kişi Norma'ydı, ben değil. Yine de içimde önemli bir bilgiye yaklaşmanın verdiği o huzursuz edici his vardı. Buna rağmen bu soruyu daha da derinleştirmenin zamanı olmadığını düşündüm, çünkü Norma başından kısa süre önce geçen şeyi atlatmakla meşguldü. Ve bir analist, bilgiye olan açlığı yüzünden hastasına iyi gelmeyecek bir tempoyla devam etmemeliydi. Ayrıca, Norma önemli bir noktaya yaklaştığını hissetmişti ve nedenini bulmak istiyordu.

Norma muayenehanemden çıktıktan sonra Manuel'i aradım. Olanları konuştuk ve tedaviyi değiştirmeden devam etmeye karar verdik. Tekrar eden atağı, bana göre onun düşündüğünden farklıydı, fazla endişe etmeye gerek yoktu. Tekerrür eden ataklardan kaçmak imkansızdı. Şu ana kadar uygulanan ilaç tedavisi devam etmeliydi ve ona tekrar izin almasını önermeyecektik. Norma bu yeni atağının üstesinden gelebilecek durumdaydı, en azından ben öyle görüyordum. Kendini zorlamak ve yeni korkularını alt etmek zorunda kalacaktı. Bu, Norma için pes etmemeyi ve bu güne kadar ulaştığı aşamayı korumayı öğrenmesi açısından iyi bir fırsattı.

Bir analizde tam bir kesinlik hali hiçbir zaman olmaz. Her insan kendine hastır ve her vaka özeldir. Kararımın doğru olduğunu tam bir eminlikle söyleyemezdim. Bu açıdan bakıldığında bir analistin durumu bir cerrahınkine benzer: Her ikisi de ellerinden geldiğince riskleri minimumda tutarlar ve yine her ikisi her zaman aşırı dikkatli olmalıdır. Kontrolü tamamen ele aldığını sanan kişi, bazen bu yanılgısının bedelini ağır öder. Bunun bilincindeydim ve bunu bir saniye bile unutmaya niyetim yoktu. Hele ki şimdi, bilinmedik ve kasvetli bir yere doğru ilerlememiz gerektiğini bildiğim böyle bir anda asla!

"Norma," dedim bir sonraki seansta. "Ofisinizde olan şeyle ilgili konuşmak istiyorum."

"Mecbur muyuz? Kendimi biraz daha iyi hissediyorum ve o olayı düşünmemeyi tercih ederim."

Bu beklenilen bir durumdu, benzer şeyleri deneyimlemiş insanlardan hiçbiri tecrübesini isteyerek anlatmamıştır. Ama diğer türlü ardında yatan gerçeğe ulaşmak mümkün değil.

"Evet, mecburuz."

"İç çekti."

"Peki o halde. Dediğim gibi, kalp çarpıntısı başladı, terledim ve ..."

"Hayır," dedim cümlesini bölerek. "Bununla ilgili konuşmak istemiyorum."

Bana şaşkın gözlerle baktı.

"Neyle ilgili olacak?"

"Biraz geriye gidelim. O günün nasıl geçtiğini biraz anlatır mısınız?"

Şaşkın bir ifadeyle gülümsedi.

"Eğer öyle diyorsanız... Biraz düşünmem lazım." Yaklaşık bir dakika kadar düşündü. "Son derece normal bir gündü, her zamanki gibiydi. Yedide kalktım ve duş aldım. Banyodan çıktığımda Facundo okula gitmişti. Kahvaltı yaptım, gazete okudum ve..." durdu. "Kusura bakmayın ama bunun bir mantığı var mı?"

Bunun cevabını bilmiyordum.

"Bundan bahsetmek sizi rahatsız mı ediyor?"

"Hayır. Sadece sabah kahvaltıda ne yaptığımı anlatarak analiz saatimi heba etmeli miyim diye düşünüyorum."

Tebessüm ettim.

"Peki, siz daha iyi bilirsiniz. Giyindim, hazırlandım ve işe gittim."

"Buraya kadar her şey normal."

"Evet, ben de öyle söyledim."

"Peki, ofise geldiğinizde ne oldu?"

"Aynı şey. Başıma gelecek felaketin farkında değildim."

"Bir şeylerin yolunda gitmediğini ne zaman hissettiniz?"

Düşündü.

"Verónica'yla, Ricardo'nun ofisindeydik, Ricardo bir iş arkadaşımız. Kahve içip sohbet ediyorduk, özel bir sohbet değildi. Birden sırtımda elektrikli bir karıncalanma hissettim." Sustu. O anı düşünmek bile görünüşe göre onda korku uyandırıyordu. Konuşmaya devam etti: "Bu duyguyu biliyorum. Korkunç! Birden nefes alamadım ve gözlerim bulanık görmeye başladı. Tuvalete gitmek ve yüzümü yıkamak istedim ama sonra, daha önceki olayın nasıl olduğu aklıma geldi ve yine öyle olacağından korktum. Karanlıkta yerde oturduğumu düşünmek panik olmama sebep oldu. Sanki tuvalet kapısının arkası bir çeşit mezar gibiydi. Tuvalete girmekten korkuyordum, bir daha oradan çıkamayacağımı düşünüyordum. Biliyorum kulağa komik geliyor ama yemin ederim böyle oldu."

"Size inanıyorum."

Derin bir nefes aldı, yatışmaya ve düşünmeye çalıştı. "Sonra titremeye başladım. İş arkadaşlarım ürktüler. Ne olduğunu sordular ama ben sadece aynı şeyi söyleyebiliyordum."

"Neyi?"

"Ölüyorum!" dedi Norma ve ağlamaya başladı. Ardından konuşmaya devam etti: "Sonra dizlerimin üstüne düştüm. Çalışma masasına baktım ve telefonumu gördüm. Sonra, neredeyse bilinçsizce sizi aradım. Gerisini biliyorsunuz."

Deneyimlediği şeyi anımsamak onu korkutmuştu. Ama yine de toparladı. Devam edebildik.

"Atak başlamadan önce en son ne düşünmüştünüz?"

Bana şaşkın gözlerle baktı. Bir süre düşündü ve başını salladı.

"Bir anlamı yok!"

"Neyin?"

"Bir düşünceden çok bir fotoğraftı."

"Nasıl bir fotoğraf?"

"Ricardo'nun çalışma masasının üstündeki çerçevenin içindeki fotoğraf."

"Ne fotoğrafı?"

"Ricardo'nun oğlu Franco."

"Fotoğrafı tarif edebilir misiniz?"

"Beşikte uyuyan bir bebek."

"Fotoğraf size bir şeyi mi hatırlatıyor?"

"Hayır."

"Şu anda aklınızdan geçen ilk şeyi söyler misiniz?"

Sessizlik.

"Hiçbir şey. Kusura bakmayın."

Üstüne gitmek Norma'nın somut bir şey düşünememesine sebep olmuştu. Devam etmek mümkün olmayacaktı. Yine de birkaç tane ipucu edinmiştik. Bir fotoğraf ve beşikte uyuyan bir bebek. Pek bir şey değildi ama bu, çözeceğimiz yumağın sonundaki ipin ucuydu.

Bir sonraki seansta da Norma'nın yaşadığı panik atağı konuştuk. Atağı geçirmeden önce ne olduğunu sordum.

"Bilmiyorum. Her şeyi hatırlamıyorum," dedi isteksizce.

"Size hatırlamanızı söylemiyorum. Aklınıza geleni söyleyin, kendinizi hatırlamaya zorlamayın.

Norma cevap vermeden birkaç saniye geçmesini bekledi.

"Öğlen paydosuna çıkmak üzereydim. Müdürüm bir çiçekçi dükkanına uğrayıp bir buket gül gönderip gönderemeyeceğimi sordu. Kabul ettim. Bana para ve çiçeğe konacak bir kart verip teşekkür etti. Bu kadar. Çantamı almak için tekrar odama gittim ve o anda kötü hissettim, nedenini bilmiyorum. Gerisini biliyorsunuz, semptomları size tekrar anlatmama gerek yok."

Sustu.

"Çiçekler kimeydi?"

"Karısı için."

"Ne yazıyordu?"

Soru onu şaşırtmıştı. Düşündü, sonra birden gözlerini kapadı ve başını aşağıya eğdi, üzülmüştü.

"Kartta ne yazıyordu Norma?"

"Kusura bakmayın... Neden olduğunu bilmiyorum ama birden yine korkuya kapıldım."

Nefes aldı ve konuşmaya devam etti.

"Karısına yazdığı kısa bir nottu."

"Ne yazmış olduğunu hatırlıyor musunuz?"

Başıyla onayladı.

"Dört yıllık..." Duraksadı. "... aşk ve mutluluk için."

Norma yüzünü ellerinin arasına gömdü ve hıçkırıklara boğuldu. Ona birkaç saniye vakit verdim ama sonra bir sonraki soruyu sormalıydım.

"Ne düşünüyorsunuz?"

Başını salladı. "Bilmiyorum," dedi ağlayarak.

Düşündüm. Birden bir şey fark ettim.

"Norma, Esteban ne kadar zamandır Natalia'yla birlikte?"

Cevap vermedi. Hıçkırıkları odada yankılanıyordu. Cevap vermesine gerek yoktu, ikimiz de biliyorduk. Şimdi ona uzun bir zaman verdim, bunu hak ediyordu.

"Neden?" dedi sonunda.

Buna verecek bir cevabım yoktu. Tekrar başlamak için derin bir nefes aldı ama başaramadı. Sürekli gözyaşlarına boğuluyordu. Titreyerek, elleriyle yüzünü kapamış bir halde öylece oturuyordu. Rahatsız edilmeden acısını yaşaması için kımıldamadım bile.

Norma hayatının aşkı, oğlunun babası tarafından aldatılmış ve terk edilmişti. Daha genç ve mesleğinde başarılı olan başka bir kadını tercih etmesinden bu yana dört yıl geçmişti. Onunla kıyaslandığında Norma kendisini başarısız biri olarak görüyordu. "Başarısız oldum," demişti bir süre önce ama şimdiye kadar hangi konuya atıfta bulunduğunu kavrayamamıştım.

Bu onun için sert bir seanstı ama bitirmemeliydim. Bir şey eksikti.

Kendisini biraz toparlayana kadar bekledim ve kağıt mendil verdim. Gözyaşlarını sildi ve iç çekti.

"Norma," dedim mümkün olduğunca dikkatli bir şekilde. "Ricardo'nun ofisindeki ana bir kez daha geri dönmek istiyorum."

Bana, yarasını deşmeye neden devam ettiğimi anlayamayan çaresiz gözlerle baktı: "Ne öğrenmek istediğinizi anlamıyorum."

"Siz bana ne söylemek isterseniz onu."

"Kafam karmakarışık, doğru dürüst düşünemiyorum."

"Biliyorum. Yine de bana o anda ne olduğunu anlatın."

"Her şeyi anlatmıştım zaten."

Kısa bir sessizlik.

"Ricardo'nun ofisindeydik ve kahve içiyorduk, birden korkuya kapıldım. Size daha fazlasını söyleyemem. Ayrıca çok yoruldum."

Bunun farkındaydım ama mutlaka devam etmeliydim.

"Bana çerçeveyi anlatın."

"Ricardo'nun oğlunun bir fotoğrafı vardı."

Bu cümlede sesinin volümü yine düşük çıkmıştı. Görünüşe göre çocuğun Norma için özel bir anlamı vardı ama ne?

"O fotoğrafa bakınca Facundo'nun bebekliğini mi hatırladınız?"

"Hayır," diye cevap verdi kararlı bir şekilde.

Kararlılığı netti. Ama bu kadar kolay da olamazdı. Ardında geçmişe dayalı bir şey olmalıydı, belki de kendi çocukluğuyla ilgili. Ama *Ricardo'nun oğlu* kelimeleri onun için hangi anlama geliyordu? Ansızın aklıma bir fikir geldi.

"Norma, Ricardo'nun oğlunun adı neydi?"

"Franco, neden?"

Bir süre bekledim.

"Bu ismi hayatınızda ilk defa ne zaman duymuştunuz?" diye sordum.

Bana anlamayan gözlerle baktı. Sonra bakışları odanın, hatta daha çok, zamanın içinde kayboldu.

"Çok uzun zaman önce. O zaman küçük bir kızdım."

"Buna ne vesile oldu?"

Derin bir nefes aldı.

"Babam bu ismi sıklıkla zikrederdi. Size anlatmıştım, İspanya'yı ve ailesini iç savaş yüzünden terk etmek zorunda kalmıştı. Bazen geceleri uzun süre ayakta olurdu, çünkü uyuyamazdı. Öylece oturup boş bakışlarla anılarını düşünürdü. Böyle zamanlarda Franco'yla ilgili konuşurdu."

"Bu ismi duyduğunuzda ne düşünüyorsunuz?"

Hıçkırdı, yanaklarından yaşlar akıyordu.

"Acıyı ve ölümü ve..." Sustu.

"Başka?"

"İspanya'yı."

"İspanya'yı neden düşünüyorsunuz?"

Sesi yine azalmıştı.

"Esteban kısa bir süre önce Facundo'yu birkaç haftalığına İspanya'ya, yanına çağırdı."

"Peki siz ne dediniz?"

"Evet, elbette. Facu'nun babasını görmeye hakkı var ve bu fikre bayıldı."

"Peki siz?"

Bana baktı ve yine gözleri doldu.

"Ben... ben bencil davranmak istemiyorum... ama... korkuyorum."

Sustum.

O anda kafasının içinden neler geçtiğini anlayabiliyordum. Bu hikaye ona fazla geliyordu. Sonunda yalnız kalacağından, oğlunun başına bir şey gelecek olmasından, belki de onu bir daha hiç göremeyeceğinden korkuyordu. Babası böyle bir yolculuğu aksi yöne doğru yapmış ve ailesini bir daha hiç görmemişti. Bu seyahat konusunu ne zamandan beri biliyordu acaba? Son panik atağının bununla ilgili olduğuna emindim. Bu konuyu da bu seansta pekiştirmenin uygun olmayacağını düşündüm.

Bu yüzden de şimdilik sustum. Zaten bu kadar yeterdi: Esteban, Natalia, kocasını kaybetmek, gidişinden bu yana dört yıl geçmiş olması, acı, İspanya, Facundo'nun seyahati ve ölecek olma hissi... Norma'ya baktım. Yenilmiş ve bunalımlı görünüyordu. Ama büyük iş başarmıştı. Bakışları üzgün olduğunu ve acı çektiğini ele veriyordu ama korkudan eser yoktu.

Bu seansın üstünden iki yıl geçti. Facundo defalarca İspanya'ya babasının yanına gitti ve Norma buna bağlı olan korkularının üstesinden gayet güzel bir şekilde geldi. Antidepresan tedavisi Manuel'in talimatları doğrultusunda azaltıldı. Şimdilerde sadece anksiyete ilacı kullanıyor. Esteban'la ayrıldıktan sonra yaşadığı yas duygusu üzerinde yoğun bir şekilde çalıştık ve o zamandan beri birkaç kez biriyle dışarıya çıktı ama ciddi bir ilişkiyi kabul etmedi. Onun için sadece tek bir erkek var. Haftada bir gün muayenehaneme geliyor. Bu güne kadar başka bir panik atak yaşamadı.

KİMLİK VE ŞİDDET

Luciana'nın hikayesi

Luciana muayenehaneme üzgün ve ayaklarını sürüyerek girmişti. Oturmasını teklif ettiğimde, sanki bir emri yerine getirircesine kendisini sandalyeye bırakmıştı. Gençti, 27 yaşındaydı ve benimle e-posta yoluyla iletişime geçmişti. Kısa, net ve çaresiz bir mesajdı.

"Anlatın lütfen, neden buradasınız?" diye sordum. Genç kadın başını kaldırmadan cevap verdi.

"Çünkü mutsuzum."

Sonra sustu.

"Mutsuzluğunuzun nedeninin ne olduğunu biliyor musunuz?"

"Evet."

"Nedir?" diyerek onu konuşmaya teşvik etmeye çalıştım.

Sessizlik.

"Bana söylemek ister misiniz?"

Başıyla onayladı. "Kimse beni sevmiyor."

Tekrar sustu.

"Neden kimsenin sizi sevmediğini düşünüyorsunuz?"

"Çünkü öyle."

Konuşma esnasında üzerindeki baskının arttığını fark ettim.

"Ve nedenini de biliyorum."

"Öyle mi? O halde anlatın lütfen, neden kimsenin sizi sevmediğine inanıyorsunuz?"

İnanıyorsun*uz* kelimesini, ikna olduğu şeyin gerçeğe uymadığını ifade edebilmek için başından itibaren özellikle vurguladım. Muayenehaneme gelen hastalar, sıklıkla kendileriyle ilgili, hiçbir şey ifade etmeseler de sarsılmaz bir kanaate sahip olurlar – örneğin sebepler, o anda neden o durumda oldukları ile ilgili. Bu şekilde bana iç dünyalarına giden kapıyı açarlar. Ben de bu teklifi kabul ederim. Bu esnada onların kendileriyle ilgili düşündükleriyle benim algıladıklarım arasındaki farkı göz ardı etmemeye dikkat ederim, çünkü kendileriyle ilgili çizdikleri resmi onaylamak istemem.

Luciana başını kaldırdı ve bana baktı. Gözleri doldu. Konuşmak istiyordu ama ağzından tek bir kelime çıkmıyordu. Sonra ağlama kriziyle sarsılmaya başladı. Elleriyle yüzünü kapadı. Odada sadece onun ağlaması duyuluyordu. Buna rağmen üzüntü içeren bir ağlama değildi, çaresizlik içeriyordu, keder ve korku dolu bir ağlamaydı. Keder ve korku yüklü bu yumak, Lacan'ın dediği gibi öyle bir duygu akımıdır ki insanı yanıltmaz.

Ben hiçbir şey söylemedim ve ağlamasına izin verdim. Bir süre sonra ellerinin tersiyle gözlerini sildi. Bluzunun kolları gözyaşlarıyla ıslandı. Tekrar konuşmak istedi ama yine başaramadı. Nafile bir çabayla gözlerini kapayarak gözyaşlarına engel olmaya çalıştı. Diliyle dudak kenarına süzülen gözyaşını sildi. Sonra birkaç kez iç çekti, derin bir nefes aldı ve nihayet biraz sakinleşti.

"Ne oldu Luciana?"

"Ne mi oldu? Ben kötü bir insanım, bu yüzden kimse beni sevmiyor!" dedi ve tekrar hıçkırmaya başladı.

"Neden böyle söylüyorsunuz?"

"Çünkü öyle," diye cevap verdi. "Kötü bir insan olduğum için. Ne halde olduğumu görüyorsunuz, bu kötü biri olduğum için oluyor."

Hiçbir şey söylemedim. Başını eğdi, tekrar hıçkırdı ve utanarak bluzunun bir düğmesini açtı. Kumaşın bir parçasını hafifçe kenara çekti ve göğsündeki kocaman morluğu gösterdi. İrkildim, görünüşe göre şiddete maruz kalmıştı.

"Luciana," dedim etkilenmiş bir halde. "Biri size vurmuş."

"Evet," dedi ağlayarak. "Kötü bir insan olduğum için ve öyle biri olmak istemiyorum. Lütfen." Bana yalvaran gözlerle baktı. "Böyle biri olmamam için bana yardım edin. Olduğum kişi olmak istemiyorum."

Bir hastanın ilk karşılaşmada böylesi bir kederi ve korkuyu ortaya koyması, üstelik yardım istemesi sıklıkla olan bir şey değil. Luciana, kötü bir insan olduğu için cezayı hak ettiğine ve benim de ona başka bir insan olması için yardım etmemi istiyordu. Bunu ruhunun derinliklerinden rica ediyordu. İsteği konusunda oldukça ciddiydi, sözleri ve gözyaşları da sarsılmaz bir gerçeğin ifadesiydi. Ama kendisini değiştirmek istemiyordu, yerine tamamen başka bir insanın geçmesini istiyordu. Bu gayet netti. Ama gerçekte kendisi kimdi?

Bunu henüz bilmiyordum ve daha sonra ortaya çıkacağı gibi Luciana da o anda kim olduğunu bilmiyordu.

İkinci seanstan sonra Luciana'yı hasta olarak kabul etmeye karar verdim. Neredeyse hiçbir zaman bu kadar çabuk karar vermem. Çoğu zaman dördüncü ya da beşindi seansa kadar beklerim. Ama Luciana'nın kendisini rahat hissettiği ve acısı üzerinde çalışabileceği bir yere ihtiyaç duyduğunu hissettim. Ve ben de ona bu ortamı yaratmak istedim.

Teorik olarak bir analizin nasıl ilerlediğini ve bir hasta için kendisini anlatma fırsatının ne kadar önemli olduğunu bilmeme rağmen, tedavi başlar başlamaz insanların kendilerini hızla iyi hissetmeleri beni tekrar tekrar şaşırtır. Önemli noktalara değinmememize, çalışmaya yeni başlamış olmamıza, temelde yatan ve henüz değinilmemiş unsurlar daha çok uzakta olmasına rağmen, hastanın ikinci ya da üçüncü seansında kendisini daha iyi hissettiğini söylemesi sıklıkla olan bir durumdur. Bunun, tedavinin geleceği açısından iyi bir işaret olduğunu tecrübelerimden biliyorum.

Luciana bir mimarlık ofisinde çalışıyordu ve erkek arkadaşı Nacho'yla birlikte yaşıyordu. Bir ağabeyi vardı, Walter otuz yaşındaydı ve bir de ablası vardı, Viviana otuz iki yaşındaydı. Babası sekiz yıl önce ve annesi altı ay önce ölmüştü.

"Ailem bana kızgın," dedi Luciana, ilk buluşmamızdan sonra geldiği seanslardan birinde.

O ana kadar ona uygulanan şiddetten bir daha bahsetmemişti.

"Neden?"

"Annem hastalandığında onu hayal kırıklığına uğrattığım için."

"Peki bunu neden yaptınız?"

"Böyle olduğunun farkına bile varmadım ki?"

"Daha açık anlatır mısınız? Bu şekilde anlamıyorum."

"Demek istediğim, kötü bir şey yaptığımın farkında değildim."

"Kötü olan neydi?"

"Erkek arkadaşımın yanına taşınmam. Bu benim için annemi hayal kırıklığına uğratmak anlamına gelmiyordu."

İkimiz de sustuk.

"Eğer doğru anladıysam..." diyorum, "... erkek arkadaşınızla birlikte yaşamak istediğiniz için evden ayrılmak istediğinizi söylüyorsunuz, doğru mu?"

"Evet."

"Ve anneniz o dönemde hastaydı."

"Evet."

"Peki, evden taşındınız ve annenizi bir daha görmediniz mi?"

Luciana bana şaşkın gözlerle baktı.

"Nasıl? Tabii ki onu göremeye devam ettim."

"Ara sıra mı diyorsunuz?"

"Hayır, her gün. Hatta bu yüzden erkek arkadaşımla sorun yaşadım."

"Anlatır mısınız?"

"İşe gitmeden önce ve işten sonra ona uğruyordum. Akşam yemeğini pişirirdim, yemeğini yedirirdim, sonra *Nacho'nun evine* giderdim."

Yeni evinden bahsederken Nacho'nun evi demesiyle ilgili bir şey söylemedim. Öncelikle annesiyle ilgili durum üzerinde çalışmak istiyordum. Ev meselesine sonra dönecektim.

"O halde neden annenizi hayal kırıklığına uğrattığınızı söylüyorlar?"

"Bunu bana kardeşlerim söyledi."

"Kardeşleriniz ne dedi?

"Annem hastayken evden taşındığımı. Onu hayal kırıklığına uğrattığımı. Ona bakmak için yanında kalmam gerektiğini."

"Ah, öyle mi? Peki kardeşleriniz nerede yaşıyor?"

Bana sanki saygısızca bir şey söylemişim gibi baktı.

"Walter karısıyla yaşıyor, Viviana da kocası ve iki çocuğuyla. Bununla ne ilgisi var?"

"Kardeşleriniz de mi annenizi hayal kırıklığına uğrattı?"

"Hayır. Her ikisinin de kendi evleri var."

Evet zamanı gelmişti. Beklediğim gibi uzun sürmemişti.

"Elbette. Ama sizin eviniz yok. Siz 'Nacho'nun evinde' kalıyorsunuz, öyle değil mi?"

"Evet."

Luciana sorumun içindeki ironiyi fark etmedi. Onun için bu konu o kadar normaldi ki kardeşlerinin tutarsızlığını fark edemiyordu, aslında bu Luciana için de geçerliydi. Bu noktada kesinlikle yalnız değildi. Birçok insana o kadar çok suçluluk duygusu aşılanır, o kadar kötü muamele edilir ki bazı haklara sahip olmadıklarını ve yaptıklarının sadece görevleri olduğunu düşünürler. Ve bu görevleri ne kadar yerine getirseniz de diğerleri memnun olmaz, tıpkı Luciana'nın durumunda olduğu gibi. Sürekli daha fazlası istenir, bu insanlar diğerlerinin gözünde hiçbir şeyi doğru yapamamaktan mustariptirler.

Analist böyle durumlarda, öncelikle ilgili kişinin söylediklerinin doğruluğundan kuşku duymasını sağlamalı ve bu kuşkunun etkilerini dikkatlice izlemeli.

"Şimdi size birkaç soru soracağım. Lütfen ne dediğime dikkat edin, çünkü ne hakkında konuştuğumuzu tam olarak anlamanızı istiyorum."

Böyle söylüyorum, çünkü birçok insan, Luciana gibi zeki insanlar bile, belli bir yargı – önyargı – oluşturdukları veya başkalarının belirlediği şeyler söz konusu olduğunda sıklıkla mantıklı düşünemezler.

"Walter ve Viviana annenizin çocukları, tıpkı sizin gibi, öyle değil mi?"

"Evet, annemin çocukları."

Şaşırtıcı cevabı beni bir süreliğine planın dışına çıkardı. Bu bağlantı yeni bir duruma kapı açmıştı ve şimdi bir şeye karar vermem gerekiyordu, daha önce belirlediğim yolu mu, yoksa az önce önüme açılanı mı izleyecektim? Luciana beklenti dolu gözlerle bana bakıyordu, düşünecek çok vaktim yoktu. Normalde böyle bir durumda, hastanın ağzından çıkanları ele alır ve sormaya devam ederdim. Ancak Luciana sıkıntılı akut bir durumun içinde olduğundan – yabancı bir güce maruz kalan her hasta sıkıntılı bir durum içindedir – bana az önce verdiği kısa bilgiyle şimdilik yetinecektim ve bizi şu anda meşgul eden konuya devam edecektim.

"Bana 'annemin çocukları' dediniz. Bu konuya daha sonra değinmek isterim, anlaştık mı?"

Sessizlik.

"Anlaştık mı Luciana?"

Başıyla onayladı.

"Bunun anlamı, annenizle ilgili olarak üçünüz de aynı haklara ve görevlere sahipsiniz, öyle değil mi?"

Luciana bir süre düşündü.

"Hayır."

"Neden hayır?"

"Bilmiyorum, aynı şey değil."

"Neden aynı şey değil?"

"Çünkü..."

Başka bir şey söylemiyordu. Üstüne gittim.

"Yani... aynı şey mi, değil mi?"

Luciana hâlâ cevap vermiyordu. Bakışlarını aşağıya eğdi ve ben, içinde tüm duyguların, fikirlerin, belki hatıraların bile karmakarışık olduğunu fark ettim. Nefesi hızlandı, düzensizdi. Luciana alt dudağını ısırdı ve gözlerini sıkıca kapadı. Son yaptığı bana aşinaydı, içinde korku veya öfke yükseldiğinde böyle tepki veriyordu, bu kez her ikisi de olmalıydı.

"Biliyor musunuz? Sanırım, siz her zaman annenizin bir tek sizin sorumluluğunuz altında olduğunu düşünüyordunuz. Böyle hissetmenizi kardeşlerinizin sağladığına inanıyorum ve büyük bir ihtimalle annenizin de!"

Başıyla onayladı.

"Siz de diğerleri için pratik ve hoş olan bu rolü üstlendiniz."

"Hepsi için, kendim dahil."

"Kesinlikle."

Uzun bir sessizlik.

"Bununla ilgili ne düşünüyorsunuz?"

"Bir geri zekalı olduğumu! Ve aylardır kardeşlerim benimle konuşmuyor diye acı çektiğimi. Telefonlarımı açmıyorlar bile, çünkü bana kızgınlar. Halbuki ben onlara kızgın olmalıyım. Ne de olsa ben elimden geleni yaptım, öyle değil mi? Ben annemin ölümünden sorumlu değilim, öyle değil mi?"

Gözleri kıpkırmızı olmuştu ve yaşlar yüzünden aşağıya süzülüyordu. Bana yalvaran gözlerle bakıyordu. Ben de ona bakmaya devam ettim. Ona hemen cevap verip sakinleştirebilirdim. Elbette onun hiçbir suçu olmadığını söyleyebilirdim. Bu onu kesinlikle rahatlatırdı. Ama bunun hayatındaki en önemli an olduğuna dair bir izlenimim vardı. Hayatında ilk defa kardeşlerine ve hatta kendine kızma hakkını görüyordu kendinde. Bu yüzden onu şimdi sakinleştirmek istemiyordum. Ruhsal ve duygusal olarak böylesine karmaşık olması önemli şeyleri harekete geçirebilirdi.

"Tamam," dedim. "Şimdilik burada bırakalım."

Bana şaşkın gözlerle baktı. Sonra saatine ve yine bana baktı.

"Nasıl? Daha yarım saattir buradayım. Kafamda her şey karman çorman."

"Tam da bu yüzden şimdilik burada bırakalım."

Seansı bu noktada bıraktığıma inanamıyordu. Gergindi. Çantasını aldı ve içini karıştırmaya başladı. Sonra çocuksu süslere sahip pembe cüzdanını açtı. Öfkelendiğini fark ettim. Parayı saydı ve bana uzattı. Sonra ayağa kalktı ve veda etmeden kapıya doğru yürüdü. Yanına gittim, onu her zamanki gibi yolculayacaktım.

"Bir şey mi oldu Luciana?"

"Evet."

"Ne oldu, söyler misiniz?"

"Yapamam."

"Deneyin."

"Yapamam," dedi bağırarak.

Ona baktım ve ellerimi iki yana açtım.

"Peki, keşke ne hissettiğinizi söyleyebilseydiniz. Eğer bunu yapmayı öğrenmiş olsaydınız, belki de bu kadar acı çekmek zorunda kalmazdınız." Luciana kapıyı açtı. "Haftaya çarşamba görüşmek üzere."

O hafta boyunca sıklıkla Luciana'yı düşündüm. Son seansı yarıda kesmemin onu öfkelendirdiğini biliyordum. Ben de bu yüzden öyle davranmıştım. Bir tepki vereceğini biliyordum. Ama nasıl olacağını bilmiyordum.

Çok ciddi bir şey yapmayacağına emindim. İntihar etmeyi düşünecek biri değildi ve uyuşturucu, alkol gibi sorunları da yoktu. depresif ya da manik eğilimleri de yoktu, bu açıdan da bir tehlike görmüyordum. Her şeye rağmen ilişkimizin kötüleşmeyeceğine karar verdim. Bu da analizin bir parçasıydı: Bir psikanalist bazen sadece hastayı değil, hastayla terapist arasındaki ilişkiyi de test eder. Eğer hasta buna izin verirse bir adım ilerlemiş olur. Eğer izin vermezse büyük bir ihtimalle tedaviyi bitirir. Neyse ki Luciana'nın durumunda böyle olmadı.

"Son seanstan çıktığım gün çok kızgındım," dedi bir sonraki seansa başladığımızda.

"Bunu fark ettim."

Gülümsedi.

"Ne yaptığımı biliyor musunuz?"

"Hayır."

"Kardeşlerimi aradım."

"Yüzünüze mi kapattılar."

"Hayır, bu kez onlara bu fırsatı vermedim."

"Hadi anlatın, nasıl oldu bu?"

"Onlara s*ktirip gitmelerini söyledim!" dedi gülerek.

"Peki komik olan nedir?"

"Tepkileri. İnanamadılar. Ve biliyor musunuz? O günden beri beni her gün arıyorlar."

"Siz buna nasıl tepki veriyorsunuz?"

"Hemen kapatıyorum," dedi ve bir kahkaha patlattı. Kahkahası bulaşıcıydı. "Böyle olacağını kim bilebilirdi, öyle değil mi?"

"Ne demek istediniz?"

"Geçen hafta buradan çıktığımda sizden nefret ediyordum. Hatta bir daha asla gelmeyecektim. Şimdi oturmuş karşılıklı olarak kahkaha atıyoruz."

"Belki de nefretinizin benimle hiçbir alakası yoktur, ne dersiniz?"

"Olabilir."

"Peki, benimle yoksa kiminle ilgisi var?"

"Kardeşlerimle tabii ki. Son seansımızdan bu yana burada konuştuklarımızı düşündüm ve yanıldığımı düşünüyorum."

"Ne gibi?"

"Her zaman anneme bakma sorumluluğunun benim üzerimde olduğunu düşündüm."

"Peki öyle değil miydi?"

"Hayır. Kardeşlerim taşındılar, annemle beni o eski, rutubetli ve ölüm kokan evde yalnız bıraktılar. O evde çok şey oldu..."

O anda söyledikleri elbette çok zor şeylerdi.

"Ne olmuştu?"

Sessizlik.

"Şimdi bunu konuşmak istemiyorum, lütfen!"

"Nasıl isterseniz."

Kısa bir ara veriyor, sonra devam ediyor.

"Ve ben de orada kaldım. O boktan rolü üstlendim."

Yine sustu, gözleri sanki uzakta bir yere ya da geçmişteki bir zaman dilimine bakıyor gibi donuktu.

"Ne düşünüyorsunuz?"

"Bu rolü her zaman üstlenmiştim. Kardeşlerim daha taşınmadan, babam henüz ölmeden ve annem hastalanmadan çok önce. Bana her zaman bir bokmuşum gibi davrandılar!" dedi kederli bir yüz ifadesiyle.

"Siz bok falan değilsiniz. Bazı insanlar size öyleymişsiniz gibi davrandılar ama bu aynı şey değil."

"Olabilir."

"Size en çok kimler böyle davrandı?"

"Özellikle babamın ailesi."

"Ne gibi?"

"Beni hep aşağılarlardı."

"Onlar da size kötü davranıyor muydu?"

"Daha da kötü. Beni görmezden geliyorlardı. İçlerinden biri babamla konuşmak için telefon açtığında ve ben cevap verdiğimde, hemen yüzüme kapatıyorlardı."

"Hayatınızda hep böyle şeyler olmuş."

"Evet," dedi ve tebessüm etti.

"Peki, diğerlerinin size böyle davranmasının nedeninin ne olduğunu düşünüyorsunuz?"

Luciana cevap vermedi. Benim de aklıma bir önceki seansta bana söylediği bir şey geldi. Ona, "Ağabeyiniz Walter ve ablanız Viviana da annenizin çocukları mı?" diye sormuştum. O da, "Evet, annemin çocukları!" diye cevap vermişti.

"Son seansta söylediğiniz bir konuya geri döneceğimizi söylemiştim, hatırlıyor musunuz?"

Başıyla onayladı.

"Az önce babanızın ailesiyle ilgili söylediğinizin bununla bir ilgisi var mı?"

Sessizlik.

"Bana güvenmelisiniz. Biliyorum, bunu bugün konuşmak istemiyordunuz. Ama eğer ilerlemek istiyorsak bunu yapmamız gerekir."

Bana baktı, tıpkı ilk görüşmemizde olduğu gibi çaresizliği yine gözlerinden okunuyordu. Yüzünde yine o tipik ifade vardı ve sesi titriyordu.

"Bununla hiç ilgim yoktu," dedi ağlamaklı bir sesle.

"Neyle?"

"Bunu annem yaptı. Ben hiçbir şey yapmadım. Gerçekten."

Yıllardır hastalarımla ilgili çok şey yaşadım. Yine de üzgün, korkmuş insanlar beni hâlâ etkiler. Herkes kederini kendine has yaşar. Ama böyle bir durum olduğunda, kendime bu mesleği neden yaptığımı hatırlatıyorum.

"Anlatın lütfen. Anneniz ne yaptı?"

Luciana kısa bir ara verdikten sonra cevap verdi: "O ve Roberto..."

"Roberto mu?"

"Evet babam."

Babasına ilk kez ismiyle hitap ediyordu.

"Konuşmaya devam edin lütfen."

"Şey, ikisi pek anlaşamazdı. Bu uzun zamandır böyleymiş. Sonra günün birinde annem kaybolmuş."

Luciana yine sustu. Birden her zaman olduğu gibi zeki ve aklı başında değildi. Onun yerine, bana ilk karşılaşmamızda göğsündeki morluğu gösteren o ürkek ve çaresiz kızdı yine. Evet, onu kim yapmıştı? Bunu şu ana kadar söylememişti. Ancak, o şiddetin ardında kimin olabileceğine dair bir şüphem vardı.

"Kaybolmuş ne demek?"

"Evden gitmiş. Babamı terk etmiş. Üç buçuk ay kadar sonra dönmüş. Babam da onu affetmiş."

"Peki, sizin bununla ne ilginiz var?"

Luciana bana utanarak baktı. Başını eğdi ve sesi titreyerek, "Geri döndükten sekiz ay sonra ben doğmuşum. Ama bu benim suçum değil. Bu benim suçum değil, öyle değil mi?"

Bana yalvaran gözlerle baktı. Bu sefer bana sorduğu soruyu cevapladım. "Elbette değil. Hiçbiri sizin suçunuz değil."

Konuşmaya devam etmedi, iki eliyle yüzünü kapadı ve hıçkırıklara boğuldu. Ben de onu engellemedim. Az önce anlattığı şeyle ilgili sorulacak çok soru vardı. Ama şimdi değil, dedim kendi kendime.

Buna rağmen seans böyle sona ermemeliydi. Bu yüzden ağlaması bittikten sonra sessizce karşısında oturmaya devam ettim. Belki on, on beş dakika. Ne kadar olduğunun bir önemi yoktu, ihtiyacı olduğu kadar oturdum, ancak bu şekilde muayenehanemden ayrıldıktan sonra onu bekleyen zorluklara karşı durabilirdi.

Birçok seansı bu konuya ayırdık. Luciana bu arada geçmişini yavaş yavaş yeniden inşa ediyordu. Bu kolay değildi, soru sorabileceği insanlar ona bilgi vermek istemiyordu. Bir tek Esther, annesinin yakın bir arkadaşı birkaç kez onunla buluşmuş ve bulmacanın parçalarını birleştirmesine yardım etmişti. Görünüşe göre annesinin Fernando adında gizli bir sevgilisi varmış. Fernando İtalyanmış ve ilişkileri birkaç yıl sürmüş. Elena, yani Luciana'nın annesi ona çok aşıkmış ama kocasından ayrılacak cesareti bulamamış. Ta ki bir gün kavga ettiklerinde eşyalarını toplayıp ortadan kaybolana kadar.

Esther'in anlattığına göre, Elena Fernando'ya aşırı aşıkmış. Sadece onun için yaşıyormuş, bu durum o kadar ileriye gitmiş ki ortadan kaybolduktan sonra, Roberto'nun haberi olmadan çocuklarını sadece bir kez görmüş.

Ancak sonra hamile kalmış ve Fernando çocuğu istememiş. Elena çaresizce fikrini değiştirmeye çalışmış, ancak Fernando onu bir daha görmek istememiş ve gitmesini istemiş. Bunun üzerine Elena derin bir utanç duygusuyla ve hamile kalmış bir halde geri dönmüş.

Onu çok seven kocası Elena'yı affetmiş, çocuğu da kabul etmişti.

Luciana'ya mümkün olduğunca sevgi dolu ve şefkatli davranmıştı. Bir çocuğun hayalini kuracağı bir baba olmasa da onu diğer çocuklarından ayırt etmemişti. Babasının ailesi gibi değildi, onlar Luciana'yı aşağılıyor ve ona bir yabancı gibi, Luciana'nın deyimiyle bok gibi davranıyorlardı.

İlerleyen aylarda Luciana kardeşleriyle yeni bir ilişki kurmayı başardı. Bu kolay değildi, neticede başından beri ilişkileri sıkıntılıydı. İşler git gide düzeliyordu, buna bağlı olarak bizim çalışmamız da aynı şekilde devam edecekti, şayet Luciana günün birinde muayenehaneme gediğinde tanınmaz halde olmasaydı. Çünkü yine dövülmüştü. Sol gözü morarmıştı ve dudağı patlamıştı. Görüntüsü içimde duygu fırtınasına sebep oldu. Onu ilk tanıdığım gün bile o durumda görmek oldukça zordu. Kaldı ki artık onunla uzun zamandır çalışıyorduk ve onu sevmiştim, duygularım yüzünden terapi çalışmama zarar vermemek için kendimi zor tutuyordum. Böyle durumlarda hastanın kendi isteğiyle durumu anlatması görüşünde olan insanlardan olmadığım için ona baktım ve başımı salladım.

"Ne oldu Luciana?" diye sordum.

"Omuzlarını silkti, gözyaşları yanaklarından süzülüyordu."

Kekeleyerek, "Bana sarılabilir misiniz?" dedi.

İşte yine o çaresiz çocuk karşımda duruyordu ve ona sarılmamı istiyordu. Psikanaliz eğitim kitaplarında hiçbir şey tavsiye edilmez. Ne yapmalıydım? Kendime, eğer muayenehane dışındayken birden karşıma Luciana'nın durumuna olan biri çıksa nasıl davranırdım diye sordum. Ve cevabım, kesinlikle onu teselli etmeye çalışırdım oldu. Peki, bunu bir yıldan fazla bir süredir bana güvenen ve şu anda bana ihtiyacı olan birine neden yapmayacaktım ki?

Bu düşünce süreci bir saniye bile sürmedi, çünkü tek kelime etmeden hemen kollarımı iki yana açtım. Bu şekilde dakikalarca durduk. Biraz sakinleştikten sonra ona sandalyeye kadar eşlik ettim ve oturmasını rica ettim. Sonra ben de oturdum.

"Nacho, öyle değil mi?

"Evet. Utanıyorum."

"Burada hiçbir şeyden utanmanıza gerek yok. Sizi anlamak ve size yardım etmek için burada olduğumu biliyorsunuz."

"Evet ama..."

"Bana güvenin."

Bunu söyler söylemez, bu cümleyi Luciana'ya sıklıkla söylediğimi fark ettim. Onun, güvendiği bir yerde konuşmaya ihtiyacı vardı ve ben de istemsizce bu şekilde tepki veriyordum. Bu, ona kimsenin saldırmayacağı bir yerdi. Bu sebeple de o cümle onda her zaman sakinleştirici bir etki yaratıyor, mümkün olduğunca açık konuşmasına fırsat veriyordu.

"Nacho iyi bir adam. Onun bu yüzden..." patlamış dudağına işaret etti, "... kötü bir insan olduğunu düşünmeyin. Hayatı boyunca çok şeyle mücadele etmek zorunda kalmış."

Hiçbir şey söylemedim.

"Sadece bazen benden bazı şeyler istiyor..."

"Nasıl şeyler?"

"Cinsel."

"Peki bu sefer ne istedi?"

Luciana bir an duraksadı. "Başka birinin daha olmasını."

"Demek öyle."

"Bu ilk değildi." Derin bir nefes aldı. "Ama hep tanımadığım insanlar olurdu. Bazen kadınlar, bazen adamlar ama hiç görmediğim ve sonra bir daha asla görmediğim insanlar."

"Peki bu kez?"

"Bu kez öyle olmadı. Nacho pazartesi akşamı arkadaşı Hugo'yla birlikte geldi. Lezzetli bir yemek yapacağını söyledi. Şarap da almıştı. Neden olduğunu bilmiyorum ama bir şey bana tuhaf geldi. Üçümüz sıklıkla birlikte vakit geçirirdik ama bu kez farklıydı. Hugo bana her zamankinden farklı bakıyordu ve Nacho da gergindi.

"Bunu dile getirdiniz mi?"

"Hayır, bana öyle geliyor sandım."

"Sonra."

"Yemekten sonra bulaşığı yıkamak için mutfağa gittim ve Nacho peşimden geldi."

"Ne dedi?"

"Yatağa üç kişi girmemizi istiyordu."

"Siz ne cevap verdiniz?"

"Ne diyeceğimi bilemedim. Bu yüzden sustum."

"Peki, ne hissettiniz?"

"Bunu istemediğimi. Bundan hiçbir zaman hoşlanmamıştım, sadece o istedi diye yapıyordum. Ama yabancılarla yapmak farklı bir şey, sizce de öyle değil mi?"

Hiçbir şey söylemedim. "Peki sonra."

"Nacho elimden tuttu ve yatak odasına götürdü. Hugo da onun peşinden geliyordu. Felç geçirmiş gibiydim. Kendimi korkunç hissettim. Ancak hiçbir şey yapamıyordum. Nacho beni öpmeye başladı, sonra birden Hugo'nun ellerini hissettim. Arkadan saçımı ve sırtımı okşadı. Bir süre sonra elbisemi kaldırdı ve beni okşamaya devam etti. Kendime, nasılsa az sonra bitecek dedim. Başka bir şey düşünmeye çalıştım, tıpkı daha öncekilerde yaptığım gibi. Ama olmadı."

"Neden?"

"Aklıma burada konuştuğumuz bir şey geldi."

Ona meraklı gözlerle baktım..

"Erkenden kestiğiniz seansta, giderken size çok kızmıştım, hatırlıyor musunuz?"

"Evet."

"Hissettiğim şeyleri söyleyemememin çok kötü olduğunu ve bunu yapmış olsaydım bu kadar acı çekmeyeceğimi söylemiştiniz. Hatırlıyorsunuz öyle değil mi?"

"Evet hatırlıyorum."

"Bunu hatırladığımda o felçli halim geçti ve bunu yapmayı istemediğimi, üzgün olduğumu ama bunu yapmayacağımı söyledim."

"Sonra ne oldu?"

"Hugo kıpkırmızı oldu ve gerildi. Sonra onun için sorun olmadığını, ona bozulmamamı söyledi."

"Peki Nacho?"

"Nacho, saçmalamamamı ve bir azize gibi davranmamamı söyleyerek devam etmek istedi. Ama ben söylediğimde kararlıydım, hayır, yapmak istemiyorum dedim. Hugo o anda odadan çıktı, Nacho bana öfkeli gözlerle baktı ve bunu daha sonra konuşacağımızı söyledi."

Sessizlik.

"Sonra ne oldu Luciana?"

"Soyundum ve yatağa yattım. Garip ama o kadar kızgın olmama rağmen hemen uyudum, sanki bir süre ölü olmak istiyordum. Ne kadar sürdüğünü bilmiyorum ama derin uyumuşum. Sonra birden uyandım, çünkü Nacho saçlarımdan çekiyordu..."

Sustu. Şiddetli nefes almaya başlamıştı. Hiçbir şey yapmadım, görünüşe göre bir molaya ihtiyacı vardı.

"Bana, kendini ne sanıyorsun, beni en iyi arkadaşımın

önünde küçük düşürdün dedi ve beni dövdü." Yüzünü gösterdi.

"Peki, siz ne yaptınız?"

"Kendimi savunmaya çalıştım ama bunun onu daha da öfkelendireceğinden korktum. Bu yüzden ondan özür diledim. Beni anlamasını, istemediğimi söyledim. O da benim isteyip istemememin umurunda olmadığını söyledi. Korkunçtu. Neyse ki sonra sakinleşti ve mutfağa gitti. Ben yatakta kaldım ve ağladım. Birkaç dakika sonra bir bardak suyla geri döndü."

"Ah, öyle mi?"

"Sana inanamıyorum," dedi. Yatağın yanında durdu ve bana baktı. Çarşafta kan lekeleri vardı, ben de iki büklüm bir halde titriyordum ve örtüyü burnuma kadar çekmiştim. 'Beni ne hale getirdiğini gördün mü?' diye sızlandı. Gözleri doldu ve benden bir daha böyle bir şey yapmamamı rica etti. Bunu yapmak istemediğini ama benim onu buna mecbur bıraktığımı söyledi. Yatağa oturdu ve ağlamaya başladı. Ben de onu seyrettim, güçsüz ve savunmasız görünüyordu..."

"Sonra ne oldu?"

"Ona sarıldım. Bana, lütfen bir daha bu kadar kötü biri olmama izin vermeyeceğine dair söz ver dedi."

"Siz ne dediniz?"

"Hiçbir şey, ona hiçbir şey söylemedim. Uzun süre birbirimize sarılmış bir halde kaldık. Birbirimize baktık, öpüşmeye başladık, sonra beni okşamaya başladı ve..."

"Sonra?"

"Sonra seviştik."

İkimiz de uzun süre hiçbir şey söylemedik. Luciana ara

sıra bana bakıyor, sonra yine utanıyormuşçasına bakışlarını eğiyordu.

"Nacho'nun sizi dövmesi güzel bir şey mi?"

"Hayır, elbette değil. Ama onu kızdırdığım doğru."

Düşündüm. Olanların belli bir kısmında suçu olduğuna dair bakış açısını çürütmek için bir şey yapmalıydım. Olaylara net bakamadığını biliyordum. Ama duygularının ona yaptırdıklarıyla mantıklı olanın ve gerçeklerin ona ne gösterdiği arasındaki çelişkiyi düşünebilecek güce sahip olduğunu da biliyordum. Bir anlığına bakış açısından uzaklaşıp tüm dikkatini Nacho'nun davranışına odaklaması çok önemliydi.

"Az önce erken bitirdiğim seanstan bahsetmiştiniz. Sanırım onu çok iyi anımsıyorsunuz."

"Evet."

"Bir sonraki seansta, o zaman bana çok kızdığınızı söylemiştiniz, hatırlıyor musunuz?"

"Evet."

"Eminim seansı yarısında bitirdiğim için bana kızmıştınız."

"Evet."

"Bu şu anlama geliyor, sizin öfkelenmenizin sebebi bendim."

Bir süre düşündü ve başıyla onayladı.

"Peki, o zaman beni neden dövmediniz?"

Şaşkın gözlerle baktı. "Nasıl?"

"Evet, benim yüzümden öfkelendiniz. Neden bana vurmadınız?"

Gülümsedi. "Çünkü deli değilim."

"Ah..." dedim ve ona baktım. "Demek birinin, sırf onu

öfkelendirdi diye karşısındaki insanı dövmesi delilik! O halde Nacho deli!"

Sessizlik.

"Başka insanları döven insanların tipik özelliği nedir biliyor musunuz?"

"Hayır."

"Suçu kurbanın üstüne atarlar. Diğerleri suçludur, çünkü onlara hak verilmez, çünkü insanlar onların kötü olmalarına sebep olur, çünkü keyfi isteklerine ve emirlerine boyun eğilmez. Kendi yaptıklarının suçunu kesinlikle üstlenmezler. Bunun yerine kurbanlarının kendilerini suçlu hissetmesine neden olurlar."

"Nacho bazen suçunu kabul ediyor."

"Evet, tahmin edebiliyorum. Sizi dövdükten sonra, öyle değil mi? Bu da başka bir versiyon. Sizin hiçbir şey söylemenize gerek yok, ben nasıl olduğunu anlatayım: Ağlamaya başlıyor, sizden özür diliyor, bunu bir daha asla yapmayacağını söylüyor ve korkunç geçmişinden bahsediyor. Sonunda da patlamış dudağınız ve morarmış gözünüzle onu teselli eden ve ona acıyan siz olursunuz. Zavallı Nacho, çok acı çekmiş! Doğru mu?"

Sessizlik.

"İlk buluşmamızda benden ne istediğinizi hatırlıyor musunuz? Olduğunuz kişi olmamanız konusunda size yardım etmemi istediniz."

"Evet, hatırlıyorum."

"O halde, size bugüne kadar olduğunuz kişi olmamanız konusunda yardımcı olacağım. Ama siz bugüne kadar *ne* olduğunuzu biliyor musunuz?"

Kastcn *ne* demiştim, çünkü bugüne kadar bir 'kişi' olmamıştı, bir obje, bir eşya gibiydi, hakları olan ve hayatında ne istediğine, ne arzuladığına kendi başına karar verebilen biri değildi.

"Biliyor musunuz?"

Başını iki yana salladı.

"Bunu ben size söyleyeyim: Dövülebilen, cinsellikle ve bedeniyle ilgili ne yapacağına kendi başına karar veremeyen bir kadın. Tıpkı, neyin iyi, neyin kötü olacağına, ne zaman ve kiminle sevişeceğine karar veren zorba bir insanın şehvetine boyun eğmek zorunda kalan bir köle gibi. Ve sizinle, artık başkalarının size bok gibi davranmaması, sizi bir yabancı ve geri zekalı yerine koymaması konusunda çalışmak istiyorum."

Kendi kullandığı ifadeleri kullanmıştım. Çok sert olduklarını biliyordum ama hepsini onun ağzından duymuştum. Şimdi de onları tekrar duymasının zamanı gelmişti, ancak bu sefer benden. Ancak kulağa aşağılayıcı gelmemeliydi, neticede başına gelen şeyi analiz esnasında da yaşamamalıydı, kesinlikle onu döven kişinin yerine geçmemeliydim. Buna rağmen yüzünde o tipik ifade belirdi, görünüşe göre eski korkuları nüksediyordu. Ama ağlamaya başlamadı. Bunun yerine gözlerini bana dikti ama bakışlarında öfke yoktu. Artık daha güçlüydü. Sırf bu yüzden bile ona böyle şeyler söyleyebilirdim.

"Size yardım edebilmem için..." diye devam ettim, "... birçok şeyi sorgulamanız gerekir."

"Neleri?"

"Örneğin, Nacho'nun zavallı bir adam olmasını, çok acı

çekmiş olmasını ve sizin yüzünüzden kötü bir adam olmasını. Nacho'nun iyi ya da kötü biri olduğunu söyleyemem. Ancak bir şey oldukça net: Erkek arkadaşınız bir daha saçınızın bir teline bile zarar vermemeli! Bu yüzden, size böyle davranmakta haklı olduğunu düşünmeyi bırakın."

İç çekti.

"Korkuyorsunuz," dedim.

Başıyla onayladı.

"Bakın, herkes için geçerli olan bir şey var. Kanunlar! Nacho çok şey yaşamış olabilir, belki bir psikopattır ve başkalarını manipüle ederek istediklerini zorla yerine getirtiyordur. Ama kararlı bir şekilde karşısına dikilirseniz ve kanuni haklarınızı söylerseniz anlamak zorunda kalacaktır."

Bir süre düşündükten sonra konuşmaya başladı.

"Ama birine onu şikayet edeceğimi söyleyip sonra onunla aynı evde nasıl yaşayabilirim?"

"Bu noktada haklısınız." Susuyorum.

"Ne demek istiyorsunuz?" diye sordu şaşkın gözlerle.

"Eğer bu şiddetli durumdan kurtulmak istiyorsanız, erkek arkadaşınızdan ayrılmayı düşünebileceğinizi."

Birden bana korku dolu gözlerle baktı. Titriyordu, konuşamıyordu ve avucundaki mendili iyice buruşturdu. Yine o çaresiz, korku dolu çocuk olmuştu.

"Peki nereye gideyim? Hiçbir şeyim ve gidecek yerim yok, bu dünyada yapayalnızım. Lütfen benden böyle bir şey talep etmeyin."

Bu benim için zor bir andı. Duygu patlamasına, aslında yapmayı tercih edeceğim bir şekilde tepki vermemeliydim, çünkü Luciana'ya sarılıp teselli edecek olursam ona hak vermiş olurdum. O zaman yine o 'zavallı küçük kız' olurdu. Hayır. Bu sefer olmazdı. Bu sefer bunu yapmamalıydım.

"Bu doğru değil." Mümkün olduğunca sakin konuşmaya çalıştım. "Analizinizi yaptığımız bu yer var. Burada kalmak hiç de kolay değildir ve siz bunu neredeyse bir yıldan fazla bir süredir yapıyorsunuz."

Sustum. Onu, tüm bu duyguların ikide bir köşeye sıkıştırdığı o çocuksu halinden çıkarmam ve mantığına hitap etmem gerekiyordu.

"Sizin nasıl dövüldüğünüzü öylece izleyemem, hatta ondan da önemlisi, kendinizi nasıl dövdürdüğünüzü! Üstelik sizi döven kişiyi savunuyorsunuz. Böyle davranarak, bizzat siz kendinizi olmak istemediğiniz o 'boktan kişi' yapıyorsunuz. Bu oyuna izin veremem. Siz benim için önemlisiniz. Siz, sizi kabul etmeyen bir babadan olmanıza, evlilik dışı çocuk yaptığı için herkes tarafından küçümsenen bir anneye ve ailenin geri kalanının sizi görmezden gelmesine rağmen yerle bir olmamış birisiniz. Tüm bunlarla başa çıkabildiğiniz için size büyük bir saygı duyuyorum. Bu kadar açık. Ama sanırım size öyle gelmiyor. Ayrıca, dışarıda size destek olacak birileri olduğuna eminim. Eğer yoksa, ne diyebilirim ki? O zaman yalnız, sizi önemseyen ve güvenebileceğiniz birini bulana kadar tek başına mücadele etmeyi öğrenmelisiniz. Belki de yalnız olmak hiç de o kadar kötü bir şey değildir. Ayrıca ben de buradayım. Burada, muayenehanemde ama düşüncelerinizde de." Bir analist olarak bilinçaltında sağlam bir yer edindiğimi anlamasını sağlamaya çalışıyordum. "Konuştuğumuz şeyleri her anımsadığınızda sizinle birlikteyim, tıpkı en son erkek arkadaşınıza 'hayır' dediğiniz gibi ya da kendi kendiniz 'bunu Gabriel'e anlatmalıyım' dediğinizde. Bu büyük bir başarı! Yine de dışarıdaki dünyada kendinizi korumayı öğrenmelisiniz. Eğer erkek arkadaşınızı şikayet etmek isterseniz, size eşlik edebilirim."

Şiddete maruz kalmış insanlara yardım etmek kolay değildir. Sanki bir çeşit cezayı hak etmişler gibi, başlarına gelen her şeyin bir nedeni olduğunu düşünürler. Ne zaman böyle bir vakayla karşılaşsam, mağdur olan kişi gizliden gizliye suçlu olduğunu düşünür. Ve şiddeti uygulayan kişiyse, bizzat kurbanın kendi –bilinçsiz – fikrine göre, şiddeti haklı sebeplerle yaptığına inandığı intikamcıdır. Bu fikre karşı savaşmalıydık. Çok zorlu bir görevdi.

Luciana bunun için elime bir anahtar vermişti, bir seferinde bana annesine ihanet edip etmediğini sormuştu. Yani, suçun asıl sebebini kendi varlığı olarak gördüğünü ifade etmişti. Annesinin sadakatsizliğinin canlı ispatıydı ve bunun ötesinde, Fernando'yla olan büyük aşkını yaşayamamasının sebebiydi. O, kimsenin istemediği bir kızdı. Bu yüzden de bir yetişkin olarak güvensiz ve korkak biriydi.

Lacan'ın dediği gibi, insanoğlu dünyaya savunmasız bir şekilde gelir, eğer doğumdan sonra kendi başına bırakılırsa ölür. Başka bir deyişle: İnsan, en başından itibaren başka bir insana ihtiyaç duyar. Bu başka insan, kademeli olarak diğer küçük insanın ifadelerini anlamaya ve ihtiyaçlarını karşılamaya çalışır. Ona kim olduğunu ve sahip olduğu değerleri gösterir. Bu değerler, sonuç olarak diğer insanın algıladıklarıyla oluşur. Bu, Luciana'nın öğrenemediği bir şeydi.

Dünyaya geldiğinde herkes için istenmeyen bir sorun olduğuna şahit oldu: Onu asla kabul etmeyen Fernando için, hamileliği yüzünden Fernando'yla ayrılmak zorunda kalan annesi için, karısı tarafından aldatıldığını öğrenen Roberto için ve annesinin sadakatsizliği, babasının da onu affetmesi yüzünden, bütün nefretlerini küçük Luciana'ya yönlendiren baba tarafındaki akrabalar için.

Çocuk, kimliğini diğerlerinin onun hakkında söyledikleriyle tanımlar. Bu yüzden ebeveynlerin çocukları için söyledikleri, düşündüklerinden çok daha önemlidir. Luciana'yla birçok seansımızda bunun hakkında konuşmuştuk ve sürekli onu aşağılayan ifadeler duyduğunu tespit etmiştik. "Zavallı!", "Senden hiçbir şey olmaz!", "Senin gibi biri için kolay değil!" vesaire. Görünüşe göre Luciana için, Nacho'nun yanına taşınmak istediğini söylediğinde annesinin sarf ettiği sözcükler en korkuncuydu. Ancak, ben bu konunun ardında, daha başka, çok daha gerilerde kalmış sahneler olduğuna emindim.

"Bencilsin!" diye bağırmıştı annesi. "Tam da böyle bir zamanda beni bırakıyorsun. Senin için neler yaptığımın, nelerden vazgeçtiğimin farkında mısın? Ve şimdi hastayım ve bana gideceğini söylüyorsun! Seni sefil kaltak! Ama git, nasıl olsa geri gelirsin. Ne de olsa hiçbir konuda başarılı olamadın!"

Luciana'nın bu durumu anlattığı seans oldukça verimliydi. Yukarıda belirtilen ifadeleri tek tek ele aldık ve hayatı boyunca bu ifadelerin farklı versiyonlarını sürekli olarak duyduğunu tespit ettik. Luciana'nın annesine kızmakta zorlandığını hâlâ anımsıyorum, ne de olsa o, bu hayatta sahip olduğu tek şeydi.

"Demek, erkek arkadaşınızın yanına taşındığınız için anneniz size 'kaltak' ifadesini kullandı."

"Evet."

"O anda anneniz kimden bahsediyordu?"

"Benden."

"Emin misiniz?"

"Nasıl yani?"

"Erkek arkadaşınızın yanına taşındığınızda evli değildiniz ve kimseyi aldatmadınız."

"Evet, doğru."

"Peki aslında kim uygunsuz davrandı, evli olmasına rağmen kim başka bir adamın yanına taşındı? Kim ailesini terk etti? Peki, yalnız başına kalıp evine geri dönmek zorunda olan kimdi? Siz mi?"

Luciana sustu.

"Ne düşünüyorsunuz?"

"Bunu söyleyemem."

"Evet, söyleyebilirsiniz."

"Hayır, söyleyemem."

"Size yardım etmemi ister misiniz?"

Başıyla onayladı.

"Annenizin size nasıl davrandığını düşünün."

"Evet."

"İyi değildi, öyle mi?"

"Hayır, iyi değildi."

"Bunu düşündüğünüzde nasıl hissediyorsunuz?"

Sessizlik.

"Eğer söylemeye bile cesaret edemezseniz çözüm bulmakta zorlanacağız."

Derin bir nefes aldı, birkaç damla gözyaşı yanaklarından süzüldü.

"Annem... bana tıpkı bir kaltak gibi davrandı. Böyle olduğunu düşünüyorum. Onun yaptığı hataların suçlusu ben değilim."

"Bu konuda haklısınız."

"Peki, neden suçu bana yükledi?"

Luciana'ya yansıtma mekanizmalarının nasıl çalıştığını, bazı insanların onların yardımlarıyla suçluluk duygularını savuşturduklarını anlatmanın zamanı değildi.

"Çünkü bazı insanlar böyle davranırlar. Hem de en sevdiklerimiz bile. Ama böyle insanlara kızmakta son derece haklısınız."

"Bu, beni hiçbir zaman sevmediği anlamına geliyor," dedi Luciana çaresizce. "Annem bile beni sevmedi. Beni neden kimse sevmedi? Belki annem haklıydı."

"Ne konuda?"

"Hiçbir şeyde başarılı olmadığım konusunda."

Ardımızda çok sert seanslar bırakmıştık. Buna rağmen onu hiç bu kadar çaresiz görmemiştim. Bir süre gözyaşlarına boğulduktan sonra, elinde ıslak bir mendille öylece karşımda oturmuş yere bakıyordu.

"Luciana," dedim, ancak başını kaldırmadı ve hiçbir tepki de vermiyordu. "Duyuyor musunuz?" Bir süre bekledim ve sonra devam ettim. "Size bir şey söylemek istiyorum."

"Nedir?"

"Beni diniyor musunuz?"

"Evet."

"Annenizin söylediği şeyin sizinle alakası yok, sizin doğmanızla birlikte annenize ne olduğuyla alakası var."

Luciana başını kaldırdı ve bana kafası karışmış bir halde baktı. Kasten bu kadar anlaşılmaz konuşmuştum. Öncelikle tekrar onun dikkatini çekmeliydim ve görünüşe göre bunu başarmıştım.

"Sizi anlamıyorum!"

"Sanırım hiçbir konuda başarılı olmadığınızı söyleyen anneniz, aslında sizi değil, sizin varlığınızla başarısız olduğunu söylemeye çalıştı. Çünkü isteklerini gerçekleştiremedi. Fernando'yla aile kurmakta başarılı olamayan siz değilsiniz. Kocanızın ailesini yumuşatmayı başaramayan siz değilsiniz ve sanırım ihanetinizi, sadakatsizliğinizi ve ulaşamadığınız aşkınızı unutmayı başaramayan da siz değilsiniz."

Luciana başıyla onayladı. Hiç kuşku yok ki sözlerimi anlamıştı ve onları sindiriyordu. Duygusal anlamda sakinleşirken tekrar düşünebilmeye başlamıştı.

"Ancak," diye devam ettim. "Sizin bu dünyaya başkalarına hizmet etmek için geldiğinizi kim söyledi? Siz, anneniz ve başarısız aşk düşleri, kardeşlerinizin bizzat kendileri yapabilecek olmalarına rağmen bu sorumluluğu size yüklemesi, Nacho ve arzularını, cinsel fantezilerini gerçekleştirmek için mi dünyaya geldiniz? Hayır, siz başka insanların isteklerini yerine getirmek için dünyaya gelmediniz. Sadece..."

Kısa bir sessizlik.

"Kendi isteklerimi!"

"Kesinlikle. Bunu kendinize borçlusunuz. Ve çok yakın zamanda bununla uğraşmaya başlasak hiç fena olmaz, öyle değil mi?"

Başıyla onayladı ve gülümsedi. Bu yüzden içten içe şükrediyordum. Ancak, kısa bir süre sonra bunun için kendime kızdım, evet, onun gülümsemesine ihtiyacım vardı ama benim arzumu yerine getirmek de Luciana'nın görevi değildi.

Bu seanstan birkaç ay sonra, yine Nacho'yla ilgili bir olay oldu. Luciana bu konu üzerinde çok çalışmıştı, özellikle de eski rolünü üstlenmemek konusunda.

"Peki ne oldu?"

"Ona, bana dokunursa bunu yaptığı için hayatı boyunca pişman olacağını söyledim."

"O nasıl tepki verdi?"

"Bana şaşkın gözlerle baktı, sanırım şok olmuştu. Ne kastettiğimi sordu. Ben de ondan şikayetçi olacağımı, bu konuyla ilgili araştırma yaptığımı ve eğer bana bir kez daha vuracak olursa tereddüt etmeksizin tutuklanması için elimden geleni yapacağımı söyledim. O da bana, bunu yapacak güçte değilsin diye karşılık verdi. Ben de bana yaptıklarının karşısında bunun benim için kolay bir mesele olduğunu söyledim."

"Sonra?"

"Hiç, ben de şaşkındım. Benim sefil bir kaltak olduğumu söyledi ve çekip gitti. İki-üç saat sonra geri geldi ve yanıma yattı. Bana kızgın olduğunu söyledi ve ben de ona kızgın olduğumu söyledim. Birkaç dakika sonra – ikimiz de tek kelime etmemiştik – bana sarılmak istedi ama ben onu reddettim. Yataktan kalktım ve yatmak için salondaki kanepeye gittim ama öncesinde yanıma gelmemesini rica ederek bu konuyu sabah sakin bir şekilde konuşabileceğimizi söyledim."

"Peki, bu esnada ne hissettiniz?"

"Hiç bu kadar iyi olmamıştım."

"İnsan özsaygı kazandığında böyle olur."

"Artık Nacho'yla yaşayabilir miyim bilmiyorum."

"Bu ne anlama geliyor?"

"Biraz korkuyorum ama elbette artık büyümem ve olgunlaşmam lazım, öyle değil mi?"

Gülümsedi.

"Zaten olgunlaştınız. Birlikte başardıklarımızla gurur duyuyorum," dedim içtenlikle.

"Teşekkür ederim. Ben de."

Bakışları değişmişti. Tebessümü de. Korkularımızın tamamen yok olmayacağını biliyorum ama nasıl ki eskiden ürkek bir çocuk gibi göründüyse, şimdi de sorumluluğunu bizzat üstlenen yetişkin bir kadın gibi görünüyordu. Belki de geçici olarak bu duruma bağlı bir önseziydi ve üstünde çalışılması gerekebilirdi ama yine de olmak istediği Luciana yavaş yavaş belirmeye başlamıştı. Birlikte ona doğru yürüyorduk.

"Bir şey daha, bir sonraki seanstan sonra çalışmamızı değiştireceğiz."

"Nasıl?" dedi beklenti içinde.

"İleride konuşmamız esnasında koltuğa uzanacaksınız."

"Gerçekten mi?" diye sordu ve güldü. "Peki, bu iyi mi kötü mü?"

"Bunu siz bileceksiniz."

Birbirimize gülerek baktık. Yüz yüze son kez oturuyorduk. Sonra vedalaştık. Önümüzde yeni bir çalışma şekli vardı.

O zaman diliminde ortaya biri çıktı, Luciana'nın gelişimi için ona yardımcı olmaya çalışıyordu. Esther, Luciana'nın annesinin arkadaşı, Luciana'nın geçmişiyle ilgili bir şey öğrenmek için ona danıştığından beri onunla iletişim içerisindeydi. Esther yumuşak kalpli ve şefkatli bir kadındı, kısa sürede Luciana'nın ne kadar yalnız olduğunu ve hayatı boyunca nelerden mahrum kaldığını anlamıştı. Luciana için git gide olgun bir arkadaş, daha doğrusu yedek bir anne olmaya başlamıştı. Esther'in çocuğu olması avantaj sağlamıştı, bu sebeple arkadaşının kızıyla ilgilenme ve koruma güdüsü çok daha güçlenmişti. Luciana da Esther için bir çeşit yedek çocuk olmuştu.

Luciana, artık Nacho'nun ona vurmasına ve cinsel fantezilerini üzerinde uygulamasına da izin vermiyordu. Bağımsız olmaya başladıkça Nacho'ya olan bağı da azalıyordu ve günün birinde yanından taşınmaya karar verdi. Ama nereye gidecekti? Ancak hiç beklenmedik bir şekilde bu sorununa bir çözüm bulundu.

"Esther, istersem yanına taşınabileceğimi söyledi. Üç odalı bir evi var ve yalnız yaşıyor. Eğer teklifini kabul edersem çok sevineceğini söyledi."

"Siz ne yapacaksınız?"

"Sanırım şu anda benim için en iyi çözüm bu. Gerçekten çok iyi anlaşıyoruz. Esther'i seviyorum, o da beni. Ayrıca kira ödemek zorunda değilim. Ayrıca giderlerin yarısını üstleneceğimi söyledim. Hayatının bundan sonraki bölümünü biriyle paylaşmayı çok istiyordu. Ben de ona önemli bir katkı sağlayabilirim."

Birkaç ay önce çaresizlik içinde kimse tarafından sevilmediğini söyleyen bir hastamdan bunu duymak, tabii ki beni çok mutlu etmişti.

Luciana erkek arkadaşından ayrıldı ve Esther'in yanına taşındı, bu vesileyle Luciana'nın hayatının en güzel döneminin başladığını söyleme cesaretini kendimde buluyorum. Çünkü Esther ona tıpkı bir anne gibi davranıyordu ve ona kişiler arasında kurulacak ilişkiler konusunda yardımcı oluyordu.

Birlikte alışverişe ya da gezmeye gidiyorlardı, birlikte yemek yiyor, birlikte film izliyor ve gece yarılarına kadar sohbet ediyorlardı. İlişkileri o kadar sıkı fıkı olmuştu ki bir süre sonra vicdan azabı duymaya başladı.

"Neden?"

"Çünkü onu annemden daha çok sevdiğimi hissediyorum. Sanırım şimdi o hastalansa, onu annem gibi evde tek başına bırakamam."

"Belki Esther bunu hak etmiştir."

"Annem etmedi."

"Ne demek istiyorsunuz?"

"Evet, öyle!"

"O halde vicdan azabı hissetmenize de gerek yok."

"Ama yine de anneme kötü davrandığımı düşünüyorum."

"Bakın, hayatta iyi ya da kötü davranmak değil, uygun davranmak önemlidir. Bazen iyi davranmak lazım, uygun olması için ama bazen de kötü."

"Bunu anlamadım."

"Düşünün, bir çocuğa eğer ev ödevlerini yapmazsa dışarıya çıkamayacağını söylüyorsunuz. Çocuk ev ödevini yapmıyor. Daha sonra arkadaşları dışarıda oynamak için onu almaya geliyorlar. Ne yaparsınız? Çocuğun dışarıya çıkmasına izin verir misiniz, vermez misiniz?"

"Bilmem."

"Uygun olanı dışarıya çıkmasına izin vermemeniz. Ancak, iyiyi oynamak için yine de onu dışarıya bırakırsınız, tutarsız davranmış olursunuz ki bu, uzun vadede çocuğunuz üzerinde kötü bir etki oluşturur. Ayrıca kaçınılmaz bir şeyi öğrenme fırsatını elinden almış olursunuz: Yaptığı şeyin sorumluluğunu almayı! Sizce de öyle değil mi?"

"Öyle."

"Evet, öyle. İnsan, hayatı boyunca uygun ya da uygunsuz davranma seçenekleriyle karşılaşır ve bir karar verir. Bu durumda da uygun olanı sizin Esther'i annenizden daha fazla sevmeniz. Size, annenize kötü bir şey yapıyormuşsunuz gibi gelebilir ama eğer sırf vicdan azabınız yüzünden Esther'e de aynı şekilde veya daha kötü davranırsanız Esther'e karşı uygunsuz davranmış olursunuz. Çünkü Esther size sevgi dolu ve özenle yaklaşıyor, bunu daha önce hiç yaşamamıştınız. Bu yüzden vicdan azabı çekmeden onu sevebileceğinizi kendinize itiraf etmelisiniz. Esther bunu hak etti ve siz de."

Luciana ve Esther, ilerleyen zamanda bir ailenin iki ferdi gibi oldu. Nacho onu bir süre daha rahatsız etti, e-posta atıyor ve mesaj gönderiyordu. Luciana, bir gün ofisten çıktıktan sonra onu sokağın köşesinde görmüş ve çok korkmuştu.

"Ne yapmam gerektiğini bilmiyorum."

"Ne yapmak isterdiniz?"

"Beni rahat bırakmasını istiyorum!"

"Ama kararı ona bırakırsanız böyle bir şey asla olmaz. Yani bizzat siz bir şey yapmak zorundasınız."

"Ne yapmalıyım?"

"Şu ana kadar üstesinden nasıl geldiniz?"

"Ona karşı çıktım."

"O zaman bunu tekrar yapmak zorunda kalacaksınız."

"Bana biraz zaman verin."

"Zamana siz karar verebilirsiniz, ben değil. Kendinize istediğiniz kadar süre verin. Neticede bu meseleyle siz başa çıkmak zorundasınız."

Luciana, Nacho'nun e-postalarının direkt spam klasörüne düşmesini sağladı ve yeni bir telefon numarası edindi. Bu, işe yaramıştı, ta ki günün birinde tekrar ofis çıkışında karşısına dikilene kadar.

"Onu gördüğümde korktum ve caddenin karşı tarafına geçtim. Neyse ki beni görmedi. Ancak, ilk köşeyi döndüğüm an durdum ve hayatım boyunca ondan kaçamayacağımı düşündüm.

"Sonra ne yaptınız?"

"Döndüm ve yanına gittim. İçten içe titriyordum, çok ciddiyim ama kendime bunu belli etmemem gerektiği söyledim. Tam önünde durdum ve bir daha onu görmek istemediğimi, beni bir daha rahatsız etmemesini ve son uyarımı yaptığımı söyledim."

"Nasıl tepki verdi?"

"Bana şaşkın gözlerle baktı ve delirip delirmediğimi sordu. Ben de bana canının istediğini yaptığı zaman deli olduğumu söyledim. O anda yüzünde, çok iyi bildiğim ve öfke patlaması yaşamadan önce takındığı bir ifade belirdi."

"Peki ondan korktunuz mu?"

"Evet, elbette. Henüz delirmedim," dedi gülümseyerek. "Ama bunun bir fırsat olduğunu biliyordum."

"Ne yaptınız?"

"Ondan korkmadığım yalanını ve kadınların karşısında rol yapan bir korkak olduğunu söyledim. Beni ona karşı savunacak kimseye ihtiyaç duymadığımı ve bu da yetmeyecek olursa, hâlâ tutuklanması için onu şikayet edebileceğimi de ekledim. Bana baktı, küfretti ve gitti."

Rahatlamış bir şekilde iç çekti.

"Biliyor musunuz, ileriye doğru kocaman bir adım attınız."

"Evet, bu yüzden çok mutluyum."

"Harika, bunu hak ettiniz."

Aylar geçti ve Luciana, bizzat başardıklarının tadını tüm hatlarıyla çıkarıyordu. Esther onu seven ve onunla ilgilenen şahane bir insandı. Luciana nihayet huzuru bulmuştu, bu neredeyse tehlikeli bir huzurdu. Yeni durumunun rahatlığı analizin devamlılığını tehlikeye sokuyordu.

Seanslarımızda yeni bulgulara ulaşamıyorduk. Onu dikkatli dinlemekte ve odaklanmakta zorlanıyordum. Evet, sıkılmaya başlamıştım. Luciana geliyor ve kendisini ne kadar iyi hissettiğini anlatıp gidiyordu. Bir süre analizi devam ettirmenin bir mantığı olup olmadığını sorguladım. Görünüşe göre Luciana hedeflediği şeye ulaşmıştı. Yine de bir şeylerin yolunda gitmediğini hissediyordum.

"En son ne zaman dışarıya çıktınız?"

"Dün, Esther'le sinemaya gittik."

"Bunu kastetmedim, yani bir erkekle ne zaman çıktınız?"

"Ağabeyim sayılmaz, öyle değil mi? Çünkü onu cumartesi günü gördüm."

"Hayır, o sayılmaz."

Gülümsedi.

"Biliyor musunuz, o kadar huzurluyum ki, böyleyken hayatı kendime zorlaştırmak istemiyorum."

"Bunu anlıyorum ve çok haklısınız. Ama yine de acaba korktuğunuz için mi bu kadar ihtiyatlı davrandığınızı düşünmeden edemiyorum."

"Doğruluk payı var. Ama şu sözü bilirsiniz: Yanmış bir çocuk ateşten kaçar."

"Evet, biliyorum. Ama bu tarz sözler tüm insanların aynı olduğunu anlatır, yani en azından ben öyle olduğunu düşünüyorum. Ama öyle değil."

"Bakın, hayatım boyunca erkeklerle ilişkilerim iyi gitmedi. Bununla, Nacho'yla olan durumu kastetmiyorum. Yine de tekrar tekrar denemeli miyim?"

"Neyse ki bu soruyu cevaplamam gerekmiyor, çünkü burada söz konusu olan ben değil sizsiniz. Bir kez daha deneyecek misiniz, yoksa denemeyecek misiniz?"

"Gerçekten bilmiyorum."

"Peki. Ama lütfen unutmayın. Her erkek şiddet eğilimli değildir. Birçoğu değildir. Ayrıca, artık sizin de yepyeni bir kadın olduğunuzu unutmayın. Kendi kıymetini bilen, kendini seven ve saygı görmeyi başarmış bir kadın. Kim bilir, belki artık erkek arkadaşlarınızı farklı seçersiniz. Bunu düşünün."

Başıyla onayladı.

"Evet, bunu yapacağım."

"Güzel, o zaman şimdilik bu şekilde bırakalım."

Güldü.

"Ne oldu?" dedim.

"Tıpkı o zamanki gibi, hani seansı kısa kesmiştik, hatırladınız mı? Ama merak etmeyin bu kez size kızgın değilim. Artık konunun nasıl işlediğini öğrendim."

Bu kez ben de güldüm.

"Güzel, zamanı gelmişti zaten."

"Evet, bence de."

Bir buçuk ay sonra sıkıntılı ve korkmuş bir halde muayenehaneye geldi.

"Ne oldu?" diye sordum.

"Bir süre önce erkeklerle aramın nasıl olduğunu konuşmuştuk. Ve ne oldu dersiniz?"

"Bilmem, siz söyleyin."

İç çekti. "Bir adamla tanıştım."

"Anlatın lütfen."

"Size birkaç kız arkadaşımla stadyumdaki konsere gideceğimi söylemiştim, hatırladınız mı?"

"Evet hatırlıyorum."

"Hiç böyle bir konsere gittiniz mi?"

"Stadyumda mı? Hayır, hiç."

"Peki, başka bir konsere gittiniz mi?"

"Evet, elbette. Ama konudan uzaklaşmayalım. Anlatmaya devam edin."

"Bunu sordum, çünkü böyle bir durumda oraya çok önceden gitmek lazım. Önce uzun bir kuyrukta beklersiniz, sonra içeri girersiniz, yerinizi ararsınız ve sonra konserin başlaması çok uzun sürer.

"Ee?"

"Eh işte, böyle bir durumda çevredeki insanlarla sohbet etmeye başlarsınız."

"Peki siz kiminle sohbet ettiniz?"

"Sadece ben değil, tüm kız arkadaşlarım sohbet etmeye başladı. Bir tek ben değil.

İçten içe cevabına güldüm. Gözüme bir anda bir öğrenci gibi gelmişti. Ama bu şaşırtıcı değildi. Luciana bir süredir, psikoloji okullarının 'duyguların elden geçirilmesi' diye ifade ettiği bir zamandan geçiyordu. Bu şu anlama geliyordu, Esther'le, annesiyle arasındaki ilişkiye nazaran, daha iyi bir anne-kız ilişkisi oluşturmaya çalışıyordu. Ve yanı sıra, gençlere has tipik flört oyunları denemenin de zamanı gelmişti.

"Tamam, hepiniz sohbet ettiniz."

"Evet, elbette. Bir grup genç erkekle sohbet ettik. İçlerinden biriyle de hemen iyi anlaştık."

"Şimdi konuya geliyoruz."

"Benimle alay etmeyin."

"Etmiyorum."

"Ediyorsunuz ama önemli değil. Evet, konuya geliyoruz. Adı Juan."

Sessizlik.

"Ee?"

"Önce hiç konuşmak istemedim."

"Ama."

"Ama sonra şu anda ne üstüne çalıştığımızı hatırladım

ve fikrimi değiştirdim. Analizde öğrendiğim şeyleri uyguladığımda her şey yolunda gitti. Bu sefer neden farklı olmasındı ki? Ama doğruyu söylemek gerekirse inanılmaz korkuyordum."

"Bunu anlıyorum. Nacho'yla edindiğiniz tecrübelerden sonra başka bir şey beklenmezdi, ayrıca diyebilirim ki bu oldukça sağlıklı bir tepki. Ama yine de korku yüzünden kendinizi felce uğratmamalısınız."

"Evet. Bu yüzden de sohbete izin verdim. Önce hiç kolay gelmedi ama bir süre sonra rahatladım ve ardından oldukça eğlenceli oldu."

Sessizlik.

"Başka ne oldu?"

"Konser süperdi."

"Öyle mi? Sizin adınıza sevindim, hem de çok."

Gülümsedi. "Şey... Ona telefon numaramı verdim. Bu, Cumartesi günü oldu."

"Bugün Çarşamba. Henüz sizi aramadı mı?"

"Aradı. Pazar günü aradı ve dışarıya çıkmak ister miyim diye sordu. Ama ben cesaret edemedim. Dün beni yine aradı ve ben de bugün haber vereceğimi söyledim." Gülümsemediğimi fark etti. "Evet, ne olmuş yani? Öncesinde buraya gelmek benim için önemliydi. Bu kötü mü?"

Kısa bir süre sustum.

"Peki ne yapacaksınız?"

"Onunla çıkmalıyım, öyle değil mi?"

"Ne yapmanız gerektiğini bana sormayın. Bence kendinize sorun."

Sessizlik.

"Ondan hoşlanıyorum ama korkuyorum."

"Tahmin edebiliyorum."

Yine sessizlik.

"Peki, o halde onunla buluşacağım. Ama bana her şeyin yolunda gideceğine dair söz vermelisiniz."

Güvene ihtiyacı vardı ama ben bu rolü üstlenmeyecektim.

"Bunun sözünü size veremem. Ben bir kahin değilim. Ama o kadar çok ilerlediniz ki kolaylıkla kendi meselelerinizle bizzat ilgilenebilirsiniz diyebilirim. Ayrıca, eğer bu konuda iyi hislere sahip değilseniz, istediğiniz zaman koparıp atmakta özgürsünüz."

Luciana tüm bunları biliyordu ama biliyormuş gibi görünmüyordu.

Ancak, sonraki seansa bir parça hayal kırıklığına uğramış şekilde geldi.

"Çocukla çıktım. Bir bardaki caz konserine gittik."

"Nasıl geçti. Gerçekten iyi biri."

"Güzel, bu beni mutlu etti. Ama yine de üzgün görünüyorsunuz, neden?"

"Sonunda beni eve bıraktığı için. O ana kadar şahane bir akşamdı. Eve geldiğimizde park etti ve biraz daha sohbet ettik, sonra..."

"Evet."

"Bana doğru eğildi ve beni öptü."

Sessizlik.

"Sonra ne oldu?"

"Hoşuma gitmedi. Yapmak istemedim. Sırf biriyle dışarıya çıktım diye onunla öpüşmek zorunda değilim, öyle değil mi?"

"Doğru."

Bir süre düşündü.

"Sanırım hazır değildim. Ya da Juan benim için doğru kişi değil."

Sustu. Görünüşe göre korku hissetmiyordu ama üzgündü.

"Kimse aşkta her şeyin yüzde yüz yolunda gideceğine dair garanti veremez, öyle değil mi?"

"Anlamadım."

"Demek istediğim şu, Juan uzun zaman sonra ilk kez çıktığınız biri. Olmadıysa sorun yok. Eğer onunla olmadıysa daha sonra başkasıyla olur. Önemli olan sizin cesaret etmiş olmanız. Biriyle dışarıya çıktınız, güzeldi ve eğlendiniz. Kimse istemediğiniz bir şey yapmadı. Size, olduğunuz halinizle saygı gösterildi. Bu, daha önce yaşadıklarınızın çok çok fazlası, öyle değil mi?"

"Öyle."

"O halde bu iyi bir tecrübe bence."

Luciana düşündü. "Haklısınız ama yine de çok yazık."

"Neden böyle söylediniz?"

"Çünkü, Juan gerçekten harika biri."

"Her zaman olmuyor işte."

"Doğru, her şey her zaman olmayabiliyor."

Kısa süre sonra Luciana amatör bir koroya girdi. Nihayet kendini onlardan biri gibi hissettiği bir insan topluluğuna girmişti. Ardından ilk performansını sergiledi. Esther ve kardeşleri ilk konsere gittiler ve o içine kapanık, utangaç genç kız, birden sahnede şarkı söyleyip dans etmeye başladığında gözlerine inanamadılar.

"Kardeşlerinizin konsere gelmesi çok güzel."

"Evet, tahmin etmezdim. Biraz gergindim. Ama her şey yolunda gitti."

Sessizliğe gömüldü.

"Ne oldu? Ne düşünüyorsunuz?"

"Güleceksiniz."

"Neden? Bir anlatın bakalım, sonrasına bakarız."

"Juan'ı anımsıyor musunuz?"

Biraz düşündüm.

"Stadyum konserindeki çocuk."

"Evet."

"Ne olmuş ona?"

"Onu davet etmiştim, o da geldi."

"Bu çok güzel, öyle değil mi?"

"Evet, gerçekten öyle."

"Ne de olsa onu sevmiştiniz ve eğer bir erkek olarak ondan hoşlanmadıysanız da arkadaş olabilirsiniz."

"Ne oldu biliyor musunuz?"

"Hayır."

"Onu bu kez gördüğümde başka bir şey oldu."

"Nasıl yani?"

"Onu daha çekici buldum. Sahnedeyken, beni oturduğu yerden selamladı. Konserden sonra yanına gittim ve uzun uzun sohbet ettik. Çok güzeldi. Ama dediğim gibi, kardeşlerim oradaydı ve Juan'la vedalaşarak onlarla gitmek zorunda kaldım."

Sessizlik.

"Kusura bakmayın ama sorun bunun neresinde?"

"Üç ay sonra sahneye çıkacağız."

"Evet."

"Onu tekrar görmek isterim."

"Peki onu neden aramıyorsunuz?"

"Ben mi?"

"Başka kim olacak?"

Sessizlik.

"Ne oldu?"

"Benim histerik olduğumu düşünecek."

"Neden?"

"Çünkü öpüştüğümüz zaman ona bunu istemediğimi ve eğer görüşeceksek sadece arkadaş olabileceğimizi söylemiştim. Şimdi onu ararsam ne düşünecek?"

"O zaman farklı düşünüyordunuz, öyle değil mi?

"Evet."

"Ona bunu söyleyin. Bu yüzden sizin hakkınızda kötü düşünmeyecektir. Böyle şeyler olur."

Yine sessizlik. "Bilmiyorum."

"Neden korkuyorsunuz?"

"Ya beni reddederse?"

Birkaç saniye bekledim.

"Olabilir."

Luciana bir süre bekledi.

"Ama...."

"Evet."

"Bir erkeğin beni reddetmesinden korkuyorum."

Güvensizlik hissetmeye çalıştığını fark ettim. Ama bu sefer korkularını kontrol edebiliyordu ve bu çok iyi bir işaretti. Kontrollü bir şekilde düşünebilecek durumdaydı.

"Bir erkeğin sizi reddetmesi mümkün. Aynı şekilde siz

de bir adamı reddedebilirsiniz. Bunlar, yeni insanlar tanıdığımızda, başkalarıyla ilişkiler kurduğumuzda ve hayatın genelinde yaşanan zorluklar. Eğer insanlar birbirinden hoşlanırsa ne güzel, eğer hoşlanmazsa şansızlık! Ama sırf geçmişte yaşadıklarınız yüzünden bütün erkekleri aynı kefeye koyamazsınız, belki biriyle gelecekte bir ilişki yaşayacaksınız. Juan, ne Fernando ne Roberto ne de Walter, babanız ya da ağabeyiniz de değil. Juan sadece Juan. Hoşunuza giden biri. Sizi reddetmesine hayıflanabilirsiniz ama bu yüzden dünya batmaz."

Sessizlik.

"O zaman onu aramalıyım."

"Bilmem. Ne istiyorsanız onu yapın."

"Eskiden fikrinizi açıkça dile getirirdiniz."

"Eskiden fikirlerim sizin için önemliydi. Şimdi kendi kendinize düşünebilirsiniz. Artık, bu dünyada sadece bir *bok* olduğunu düşünen o ürkek kadın değilsiniz. Şimdi değerli bir insan olduğunuzu biliyorsunuz."

"Ya hayır derse?"

"Çok yazık olur ama durum buysa yapılacak bir şey yok."

"Teşekkürler, siz gerçek bir dostsunuz."

Luciana onu aramıştı ve Juan çok sevinmişti. Bir ilişki yaşamaya başladılar ve Luciana, nasıl ki Esther'le birlikte farklı bir ilişki tarzı kurulabileceğini öğrendiyse, Juan'la birlikte de sağlıklı bir şekilde sevilebileceğini ve tutku denen şeyin Nacho'nunki gibi salt sapıkça zevkler içermediğini öğrenmişti.

Altı ay sonra birlikte yaşamayı düşünmeye başladırlar.

"Bu hızlı verilmiş bir karar mı?"

"Bilmiyorum."

"Siz Juan'ı altı ay önce tanımış olsaydınız, şimdi onunla birlikte yaşar mıydınız?"

"Aradan on yıl da geçse ben Juan'la birlikte yaşamazdım."

Güldü.

"Tamam. Ama benimle dalga geçmeyin."

"Sizinle dalga geçmiyorum," dedim gülerek. "Ama bazen öyle sorular soruyorsunuz ki..."

"Emin olamıyorum."

"Bu doğru değil."

"Nasıl yani?"

"Yani, emin olmadığınız doğru değil diyorum. Juan'la birlikte yaşamak istediğinizden eminsiniz. Ama bir şeylerin ters gitmesinden korkuyorsunuz."

"Evet, doğru."

"Ancak, aşkta hiçbir şey garanti değildir. O riske girmek zorundasınız."

Bir an düşündü. "Doğru söylüyorsunuz."

Sonra sustu. Huzursuz olduğunu ve endişelendiğini fark ettim.

"Hepsi bu kadar değil, yanılıyor muyum?"

"Beni bu kadar iyi tanımanıza tekrar tekrar şaşırıyorum."

"Ne oldu? Söyleyin lütfen."

"Esther."

Bu cevap beni şaşırtmıştı.

"Esther'e ne oldu?"

"Onu terk edeceğimi düşünmesinden korkuyorum."

İşte yine o eski hikaye geri gelmişti... Geçmişin korkunç hayaletlerinden kurtulmak neredeyse imkansız. Luciana, annesinin yanından ayrılıp Nacho'nun yanına taşındığı zaman yaşadığı duygu karmaşasını tekrar yaşıyordu. Yine de bu kez farklıydı.

"Luciana, sanırım eski bir çatışmayı battığı yerden tekrar çıkarıyorsunuz."

"Ne demek bu?"

"Evden ayrılıp eski erkek arkadaşınızın yanına taşındığınızda yaşadıklarınızı bir kez daha hissediyorsunuz. Esther'i terk ediyor olmaktan korkuyorsunuz, tıpkı annenizi de bir zamanlar terk ettiğinizi düşündüğünüz gibi. Ama öyle değil. Juan, Nacho değil, Esther de Elena değil ve şunu söylememe izin verin: Siz de eski Luciana değilsiniz. Bu sefer her şey farklı. Esther'le ilişkiniz çok daha sağlıklı, o sizi anlayacaktır. Ayrıca onunla iletişim içinde olacaksınız. Bu kez iki olasılık arasında seçim yapmak zorunda değilsiniz. Artık yeni bir aileniz var: Juan ve Esther. Kimsenin canını acıtmıyorsunuz ve kimseyi terk etmiyorsunuz. Sadece geleceğinizi inşa ediyorsunuz."

Sözlerimi sindirebilmesi için kısa bir ara verdim.

"Çözülmeyen şeyler tekrar eder. Ancak geçmişinize ait bu konunun üzerinde yeterince çalıştık. Endişelenmenize gerek yok."

Luciana iki ay sonra Juan'ın yanına taşındı. Gerçekler hayal ettikleri gibi olmadığından, çift ilişkileri stabil bir hale gelene kadar bir sürü zorlukla başa çıkmak ve büyük krizler atlatmak zorunda kaldılar. Ama sonunda başardılar.

Luciana yaklaşık olarak bir yıl sonra tekrar muayenehaneme geldi ve koltuğa oturdu.

"Size, Juan'ın bile bilmediği bir şey söylemek istiyorum."

"Dinliyorum."

Derin bir nefes aldı.

"Hamileyim!" dedi ve gözyaşlarına boğuldu.

Ama gözyaşları korkudan değildi, Luciana sadece heyecanlıydı. Böylesi önemli bir konuyu ilk olarak benimle paylaşması bir onurdu.

"Juan bunu neden bilmiyor?"

"Testi buraya gelmeden önce yaptım."

"Peki mutlu musunuz?"

O kadar heyecanlıydı ki konuşmaya devam edemedi. Sakinleşmesi için ona zaman verdim. Tıpkı ilk karşılaşmamızda olduğu gibi kazağının kollarıyla yüzündeki yaşları sildi. Yine de bu gözyaşlarıyla üç yıl öncekiler arasında büyük bir fark vardı.

"Korkuyorum."

"Neden?"

"İyi bir anne olamayacağımdan."

"Korkunuzu çok iyi anlıyorum. Herkes iyi birer anne/baba olamayacağından korkar. Bu normal ve kaçınılmaz bir şey."

"Yani ne demek istiyorsunuz?"

Her seferinde bu tarz dolambaçsız sorular soruyordu. Ve her seferinde beni, dolaysız yoldan cevap verme gibi bir sorunla baş başa bırakıyordu.

"İyi bir anne olup olmayacağınızı bilemem. Ama bunu yapabilecek durumda olduğunuzu biliyorum. Siz harika birisiniz, mücadele edebilen ve oldukça zor durumları atlatabilen, korkularına karşı durmuş biri. Korkunç şeyleri ardınızda bıraktınız ve bugün yanınızda sizi seven, değer veren biri var. Ne diyebilirim ki? Şahane bir anne olabilmek için neye ihtiyaç varsa hepsine sahipsiniz. Yine de bu durumda da..."

"Evet, biliyorum: Tüm bunların üstünde çalışmaya devam etmeliyim."

Luciana, hamileliğinin beşinci ayında Juan'ın kendisine evlenme teklif ettiğini bildirdi. Bir ay sonra düğün oldu. Bir gün sonra, balayına çıkmalarından önce Luciana muayenehaneme geldi.

Karşımdaki sandalyeye oturdu. Hamileliği yüzünden üç seanstır koltuğa oturmuyordu, böyle daha rahattı.

Bana gülerek baktı. Dolan gözleri parlıyordu. Sessizce karnını okşadı. Çantasından aile soy defterini çıkardı. Açtı ve bana gösterdi.

Sonra ağlamaya başladı.

"Bu yeni soyadım. Nihayet doğru bir soyadım var."

Hiçbir şey söyleyemedim. Ben de çok etkilenmiştim. Gözünden yaşlar akıyordu ama bu kez onları silmiyordu. Bana baktı ve ben gözlerimin dolduğunu fark ettim.

AİLE, KAYIP, YENİLGİ

Rodolfo'nun hikayesi

Avenida Rivadavia'da *Cafe de los Angelitos*. Saat tam on bir. Güzel, taze, güneşli bir sonbahar sabahıydı. Böyle havaları çok severim, itiraf etmem gerekir ki tıpkı Buenos Aires'in gürültüsünü, düzensizliğini, kaosunu sevdiğim gibi. Üzerimde büyülü bir etki bırakır. Bu şehirle ilişkim tıpkı bazı insanlarla olduğu gibi: İnsan uyumlanabilmeli. Mesleğim gereği insanları uzaktan izlediğimden, Buenos Aires'te her seferinde başka gizli bir güzellik görmeyi başarıyorum.

Arkadaşım olan bir meslektaşımla buluşacağımız kafeye girdim. Bana telefon açtığında, mutlaka benimle görüşmek istediğini söyledi. Ben de bana söyleyeceklerini merak ediyordum.

Pencere kenarındaki bir masaya oturdum, bir kahve siparişi verdim ve çalan müziğin tadını çıkardım. Çalan Federico Mizrahi ve Fernando Rabih'in *Eternos Interiores* adlı tangosuydu.

"Bir analiste yakışır şekilde dakiksin," diye selamladım onu.

"E herhalde," diye karşılık verdi ve karşıma oturdu. "Nasılsın?"

"İyiyim. Özellikle de bu öğleden sonrasını kendime ayırdığım için."

Kendisine bir Cortado kahve siparişi verdi, iki kaşık şeker koydu ve karıştırdı. Adı Fernando'ydu ve hayran olduğum bir psikologdu. Bana büyük ölçüde uzak olan bir alanda çalışıyordu: Bağımlılığın psikanalitik tedavisi. Bir süre önce bir çalışma grubunda tanışmıştık. Harika bir analistti, yüksek bir algısı vardı ve becerikli biriydi. Eğer gerekli görürse, geleneksel eğitici görüş sınırlarını cesurca aşmaya hazır biriydi. Yaptığımız sohbetlerden sonra bilgisinden ve yeteneklerinden oldukça etkilendim. Aynı zamanda aramızda bir arkadaşlık oluştu.

"Sanırım benimle bu kadar çabuk buluşmak istemenin özel bir sebebi var. Mesleki mi yoksa özel bir durum mu?"

"Her ikisi de diyebilirim."

"Daha açık konuşabilir misin lütfen?"

Kahvesinden bir yudum içti ve sonra: "Yani, hem özel hem de mesleki bir durum olduğu için seni aradım."

"Yani."

"Biliyorum, hiç vaktin yok ama yine de denemek istedim."

"Konu ne?"

"Konu, daha önce analize gelmiş olan ve şimdi devam etmek isteyen biri."

"Sana Marcela'nın telefonunu vereyim, orayı arasın ve tanışma seansı için ekibimdeki analistlerin birinden randevu alsın."

"Hayır."

"Neden hayır?"

"Onu senin tedavi etmeni istiyorum."

Fernando sadece iyi bir analist değildi, çalışırken karşısındaki kişiye olan saygısını her zaman korur ve başka insanları takdir etmesini bilirdi. Eğer gerçekten önemli bir durum olmasaydı bana böyle bir ricada bulunmazdı.

"O halde anlat bakalım..."

"Adamın adı Rodolfo. Onu seviyorum, çok özel bir insan. Şu anda zor bir dönemden geçiyor ve doğal olarak olaylara karşı ağır tepkiler veriyor. Seni radyo programından tanıyor... Eh, insanların ideal resimlerini nasıl oluşturduklarını sanırım sana anlatmama gerek yok." Yine kahvesinden bir yudum aldı ve devam etti. "Kısa bir süre önce bana geldi ve biraz sohbet ettik. Onunla ilgili izlenimlerim iyi değildi ve ona bir psikoloğa gitmesini önerdim. Biliyorsun, birçok insan böyle bir durumda hakarete uğramış gibi tepki veriyor ve deli olmadıklarını söylüyorlar. Rodolfo'da böyle olmadı, psikanaliz konusunda epey tecrübeli, psikolog koltuklarının eski kurdu. Ayrıca psikanalist olarak seninle çalışmak istediğini söyledi. Önce seni tanıdığımı ve arkadaş olduğumuzu söyleyip söylememeyi düşündüm. Onun umutlanmasını istemedim. Sonra neden olmasın diye düşündüm. Neticede de ona söyledim."

"Sonra."

"Çok heyecanlandı. İşte ben de bu yüzden buradayım ve seni sinir ediyorum."

"Beni kesinlikle sinirlendirmiyorsun."

"Teşekkürler Gabriel," dedi ve bana baktı. "En azından

onu tanışma görüşmesine çağırman harika olurdu. Eğer olmayacağını veya hastanın sana uygun olmadığını düşünürsen onu başka birine gönderirsin. Ne dersin?"

Ona eğlenmiş gözlerle baktım. "Eğer bu hastanın bana göre olmadığını düşünseydin benden böyle bir ricada bulunmazdın derim. Ayrıca, senin için önemli biri olduğunu düşünüyorum. O yüzden ona telefon numaramı verebilirsin."

"Teşekkür ederim," Fernando gülümsedi. "Gerçekten çok teşekkür ederim."

"Ah, ne demek. Aslına bakarsan ben sana çok daha fazlasını borçluyum.

Sonunda da başka şeylerden konuştuk. Rodolfo hakkında hiçbir şey bilmek istemedim, hastamı kendim tanımayı tercih ederim. Ayrıca sürprizleri severim ve görüşmelerimin başlangıcında sıklıkla birçok insan beni etkiler. Her hasta keşfedilecek bir dünyadır. Ve arkadaşım beni meraklandırmayı başarmıştı: Rodolfo nasıl biriydi? Ne tür korkulara sahipti? Ona hayatı dar eden şey neydi? Rodolfo'nun telefonunu beklerken, günün kalan kısmında kendime bu soruları sordum. Ama ancak ertesi sabah telefon açtı ve randevulaştık. Sesi kararlı ve sert geliyordu. Bir çöküntü içinde değilmiş gibi bir izlenim bırakıyordu. Ama ne derler, maalesef görünen şey yanıltabilir. Özellikle de bu vakada durum böyleydi.

Rodolfo, sözleştiğimiz saatten on dakika önce geldi. Tam da o anda bir hastama kapıya kadar eşlik ediyordum ve onu bekleme odasında gördüm.

"Şuradaki adam sizi bekliyor," dedi sekreterim.

Ona baktım ve gülümsedim. "Birazdan yanınızda olacağım."

Adam da bana gülümsedi. Hastamla vedalaştım ve sonra yanına gittim. "Sanırım Rodolfo'sunuz."

Ayağa kalktı.

"Evet. Memnun oldum."

Gözlerime baktı ve elini uzattı. Tıpkı telefondaki gibi sert ve kararlı bir izlenim bırakıyordu. Çok uzun boylu sayılmazdı, 1.70 ya da biraz daha uzundu. Sarı saçlı, açık renk gözlüydü ve bakışları insanı delip geçiyordu. Pek süslenmemişti, modern ama özensiz giyinmişti. Birlikte tedavi odasına gittik.

"Gelmenize sevindim. Fernando sizin hakkınızda güzel şeyler anlattı. Ayrıca bir ara sohbet etmemizin iyi olacağını söyledi," dedim karşılama konuşması yaparken.

"Fernando beni sever, ben de onu. Ama bu yüzden gelmedim, keşke öyle olsaydı."

Fernando, Rodolfo'nun analiz konusunda tecrübeli olduğunu söylemişti ve haklıydı da. Rodolfo, buzları eritmek adına yapılan, o bilindik huzursuz edici ön konuşmaları atladı ve hemen konuya geldi."

"Ben kötüyüm. Sanırım büyük bir geri zekalı olmalıyım, 45 yaşındaki bir adam neden kız arkadaşı ona yol verdi diye kendini bu kadar kötü hisseder?"

"Gördüğüm kadarıyla bu noktada dört sorun var: Siz kötüsünüz, siz bir geri zekalısınız, 45 yaşındasınız ve kız arkadaşınız sizden ayrılmış. Hangisinden başlayalım?"

Güldü.

"Peki, madem başladık, o zaman kız arkadaşımla başlamayı öneriyorum. Neticede erkekler kadınlar hakkında hep konuşurlar, öyle değil mi?"

Gülümsedim.

"Öyle görünüyor. O halde anlatın."

"Adı Julieta. Neredeyse iki yıl birlikteydik."

"Peki sonra ne oldu?"

"Sanırım her zaman olan şey... Zaman geçiyor ve..."

Yine gülümsedim. "Felsefi açıklamalarınızın dışında sanırım başka şeyler de olmuş."

"Evet, birçok şey."

"Peki, onlarla ilgili konuşmak istiyor musunuz?"

"Evet, neticede bu yüzden buradayım."

Derin bir nefes aldı ve kız arkadaşından bahsetmeye başladı. İşyerinde tanışmışlardı. Julieta onu hemen beğenmişti, ten rengi koyuydu, 39 yaşındaydı, uzun boylu ve çekici bir kadındı. Duygusal biriydi ve eğitimliydi. Rodolfo son cümlesini vurgulamıştı.

"Eğitimli mi yoksa bilgili mi? Neticede bu özelliklerin ikisi aynı anda otomatik olarak ortaya çıkmaz."

"Her halükarda eğitimli ve bilgili miydi diye sorarsanız..." Kısa bir süre tereddüt etti. "O konuda zaman zaman şüphelerim oldu."

"Nasıl yani?"

"Julieta hayatında başarılı olmuş biri. Çok zengin bir aileden geliyor. Babası avukat ve git gide politikaya daha çok bulaşıyor. Çocuklarını iyi okullara göndermiş. Julieta, babası günün birinde politikacı olursa onun işlerinin başına geçebilecek konumda. Çok seyahat etmiş ve öğrenilmesi gercken her şeyi öğrenmiş: Piramitleri, Sen Nehri'ni, Roma'daki Kolezyum'u vs."

"Demek öyle, siz de buraları biliyor musunuz?"

"Bir tek Kolezyum'u gördüm..."

Gülümsedim. "Bilmeniz ya da bilmemeniz arasındaki fark sizin için önemli mi?"

"Hayır," diye karşılık verdi hızla. "Ne kadar istiyorsa o kadar seyahat edebilir. Önemli olan..." parmaklarıyla hafifçe alnına vurdu. "...burada ne olduğu. Bu açıdan bakarsak, sanırım ona imrenmeye ihtiyacım yok."

Sessizlik.

"Julieta'nın ailesiyle ilişkileriniz nasıldı?"

"İyi, ancak itiraf etmem gerekir ki onlarla pek işim olmazdı."

"Ne demek istiyorsunuz?"

"İyi insanlar ama bana göre biraz yüzeyseller. Onlarla çok zaman geçirdim, fakat hiçbir zaman kendimi onlardan biri gibi hissetmedim. Elbette, birilerinin size dünyada ne kadar olağanüstü şeyler olduğunu anlatması çok güzel. Ama…"

"Ama ne?"

"Ama ülkemizdeki, Arjantin'deki zorluklardan konuşmak da çok önemli. Ve bunu onlarla yapmak mümkün değildi." Sessizlik. "Ben basit koşullarda yaşamış biriyim. Biri kötü durumdaysa bunun ne anlama geldiğini bilirim. İnsan sabahtan akşama kadar var gücüyle çalışır ve kazandığı para yine de yetmez. Bu yüzden elimde olmadan bu tarz sohbetler esnasında huzursuz olurdum."

"Demek eksiklik hissettiniz..."

Başıyla onayladı.

"Belki de bu yüzden az önce bilgili olup olmadığı konusunda şüphem olduğunu söyledim. Önemli konular söz konusu olduğunda farklı görüşlere sahiptik. Öyle ki bugün dönüp baktığımda, o insanlarla nasıl bu kadar zaman geçirdiğimi bir türlü anlayamıyorum."

"Tamam ama onlar kız arkadaşınızın ailesiydi."

"Evet, ancak ben başka dünyalar olduğunu da biliyordum. Bu arada, başlarda onlara uyum sağlamaya çalıştım. Ta ki istediğim şeyi yapmadığımı fark edene kadar." Gülümsedi.

"Nasıl? Bu nasıl oldu?"

"Birden kıyafetlere ve restoranlara bu kadar çok para harcamak bana aptalca gelmeye başladı. Sanki onca zaman onlardan biri olmaya çalışmışım gibi geldi. Ama olmadı."

"Neden?"

"Çünkü öyle biri değilim." Kısa bir ara verdi. "Günün birinde aynaya baktığımı ve kendimden utandığımı hatırlıyorum."

"Neden?"

"Aynadaki kişi olmadığım için. Bu, diğerleri tarafından kabul görmek için üstlendiğim bir roldü. Neyse ki kim olduğumu ve nereden geldiğimi gayet iyi biliyorum. Bu yüzden bu tiyatroyu oynamaktan hemen vazgeçtim."

"Sonra ne oldu?"

"Sonra Julieta'yı, zenginlerin yaşadığı Recoleta bölgesinden yirmi sokak sonra başlayan bana ait dünyaya alıştırmaya çalıştım. Bir gecekondu mahallesi, orada birçok kez gönüllü olarak vaftiz babası oldum. Çocuklara para yardımında bulunuyorum ve ara sıra onlarla birlikte aktiviteler yapıyoruz. Julieta'dan, bir gidişimde onun da bana eşlik etmesini ve oradaki insanlarla tanışmasını rica ettim."

"Nasıl tepki verdi?"

"Fikri pek beğenmedi. Aslına bakarsanız hiç ilgisini çekmedi. Oradaki insanları – ki onlar benim gibi insanlar – hor görüyordu." Kısa bir ara verdi. "Tıpkı ucuz bir pembe dizi gibiydi, sadece sonu televizyondakilerden farklı oldu."

"Ne gibi?"

"Eğer böyle olacaksa benimle mutlu olamayacağını, bana güzel bir dünyanın kapısını açmaya hazır olduğunu ama oraya ait olmak isteyip istemeyeceğime benim karar vermem gerektiğini söyledi. Bir süre kavga ettik ve sonra benden ayrıldı. Öylece bıraktı, sanki onun için en ufak bir değerim yokmuş gibi."

Uzun bir sessizlik oldu. Ona izin verdim.

"Neyse ki..." dedi sonunda, "...en azından şimdi yine olduğum kişiyim. Görüyor musunuz."

İki elini bütün bedeninde gezdirdi. Sanırım görünüşüyle ilgili bir şey söylememi bekliyordu ama oyununa dahil olmadım.

"Sizce görünüşünüzle ilgili neyi fark etmem gerekiyor?" diye sordum onun yerine.

"Gerçekte nasıl olduğumu."

"Öyle mi? Bence bunun tam tersini deneyelim. Bizzat siz kendinize bir bakın ve gördüğünüz kişi gerçekten siz misiniz ve kendinizi beğeniyor musunuz söyleyin."

Bedenini süzdü.

"Hayır, bu da ben değilim."

"Öyle mi?"

"Değilim. Biraz bakımsız ve kendimi ihmal etmiş gibi görünüyorum."

"Kendinizi ihmal ettiğiniz kesin," diye kestim sözünü. "Az önce anlattıklarınızdan yola çıkarak söylüyorum."

'İhmal' kelimesini kasıtlı olarak söyledim, iki anlamı olan bu kelimeye dikkat çekmek istiyordum. Normalde yeni hastamla ilk karşılaşmamda böyle bir şey yapamam ama Fernando'nun söylediği gibi, Rodolfo daha önce psikolog koltuğuna oturmuştu.

"Haklısınız, bu da bana Julieta'nın benim için ne anlama geldiğine dair sorduğunuz sorunuzun cevabı olabilir."

"Daha net anlatır mısınız?"

"Evet, elbette. Belki 'ihmal' kelimesi benim durumumda iki anlama geliyordur."

"hangi anlamlara?"

Bakışlarını eğdi.

"Doğal olarak şu anda önce Julieta'nın beni ihmal ettiğini söyleyebilirim, sonra da terk etti, ardından da hayal kırıklığı yaşadığım için ben kendimi ihmal ettim. Yani kendimi bıraktım, doğru dürüst dış görüntümle ilgilenmedim. Ama bu doğru değil! Çünkü öncelikle ben kendimi unuttum, kim olduğumu, neyi sevdiğimi ve sevmediğimi unuttum. Bunun yerine başka bir insanmışım gibi bir izlenim yaratmaya çalıştım ve belki de bu davranışım yüzünden Julieta'nın benden bıkmasını sağladım, en azından şu anda öyle olduğunu görüyorum."

'En azından şu anda öyle olduğunu görüyorum' – bu sözlerle bana bu durumu kendiliğinden fark etmediğini, bunu burada, buluştuğumuzda idrak ettiğini anlatmaya çalışıyordu. Bana hemen ilk konuşmamızda bir analistin ne kadar önemli olduğunu ima ediyordu.

Konuşmaya devam edecek olursa diye bir süre bekledim, sonra: "Garip, öyle değil mi?"

"Komik olan ne?"

"Julieta'nın sizden bıkmasını 'sağladığınızı' söylemeniz... Sanki beklediğiniz bir başarıymış gibi ifade ettiniz."

Yine dikkatini onun ağzından çıkan bir kelimeye çekmiştim. Ancak, birkaç dakika içinde fark etmiştim ki bu yöntemi uygulamak pek kolay olmamıştı. Başka hastalar böyle bir durumda hemen karşılık verirlerdi, başka bir şey kastettiklerini ya da onları yanlış anladığımı söylerlerdi. Ama Rodolfo söylediklerinin arkasındaydı ve bu da analizinde oldukça etkili bir enstrümandı.

Başını yana yatırdı, kollarını açtı ve iç çekti.

"Evet, doğru. Belki de gerçekten Julieta'nın benden ayrılmasını bekleyip beklemediğimi kendime sormalıyım." Kısa bir ara verdi. "Ama ben bu kadar hasta biri olabilir miyim? Sanki hayatımda yeterince kayıp yaşamamışım gibi..."

Bu tabii ki oldukça ciddi bir ifadeydi. Hemen bu konuya girmek isterdim ve belli ki ruhsal hayatının mikroskop altında incelenmesine alışık olan Rodolfo'nun buna hazır olduğuna emindim. Buna rağmen, biz birbirimizi o gün ilk kez görüyorduk. Dolayısıyla, bu şekilde formüle edilmiş bir analizi daha sonraya bırakmaya karar verdim.

Ancak, Rodolfo kendi ağzından çıkan sözlerle yaralı bir noktaya basmış olacak ki birden: "Sanırım şu anda ağlayacağım!" dedi.

Sustu ve gözleri doldu. Rodolfo gibi bir adamın, başkalarının önünde acısını göstermesi, sıklıkla karşılaşılacak bir durum değildi. Ve Sanki düşüncelerimi okumuş gibi, "Ağladığım için kendimden utanıyorum!" dedi.

"Buna hiç gerek yok. Peki neden ağladığınızı söyler misiniz?"

"Julieta yüzünden."

Ona inanmadım. Ancak bu, bana yalan söylediği anlamına gelmiyor. Bana daha çok kendini kandırıyor gibi geldi. Julieta'nın çok daha eski, daha derin bir acının yerine geçtiğine emindim.

"Ayrıca, ağlıyorum... çünkü yine yalnızım," diye devam etti.

İşte buydu: 'Yine yalnızım' demişti. Demek ki gerçekten konu eskiden yaşadığı bir yalnızlık deneyimiydi. Ne kadar eski olabilirdi? O zaman kimi kaybetmişti? Bir kişiyi mi, bir kaç kişiyi mi? İçimden bu sorular geçiyordu. Onlara sormak için doğru zamanı beklemeliydim. Ancak aradan çok zaman geçmemeliydi.

Beşinci buluşmamızda Rodolfo'nun analisti olmama karar verdik. Rodolfo'nun bir yandan iyi bir hasta olacağını, diğer yandan böylesine karmaşık bir şahsiyetle çalışmanın zor olacağını da biliyordum. Oldukça bilgili ve alışılmadık bir şekilde açık fikirli biriydi. Yine de bazen inanılmaz mantıksız biri olabiliyordu. Böyle anlarda neredeyse en basit şeyleri bile kavramaktan acizdi. Bu, özellikle çocukluk arkadaşı Sergio söz konusu olduğunda gerçekleşiyordu.

Sergio, sözüm ona inanılmaz becerilere sahipti ama

onları kullanmıyordu, bunun yerine hiçbir gelecek görüşü olmaksızın anlamsız işlerle meşguldü. Böylesi olanaklara sahip birinin bunları kullanmaması – en azından Rodolfo duruma böyle bakıyordu – onu rahatsız ediyordu.

"Belki de bu şekilde mutludur."

"Asla, bütün bir gün ofiste olduğu ve onu sağa sola gönderdikleri berbat bir işi var. Üstelik sefil bir maaş alıyor. Gerçekten onu hiç anlayamıyorum."

"Biliyor musunuz, bir insanın sıklıkla bir şeyi anlamamasının sebebinin kendisiyle ilgili olduğunu, edindiğim tecrübelerden biliyorum."

"Nasıl yani?"

"Acaba, Sergio'nun sizi sinirlendiren tutumunun içten içe size kendi hikayenizi hatırlatmasıyla alakası olabilir mi?"

"Hayır," dedi hemen. "Kesinlikle değil. Ben olaylarla mücadele eden ve asla olduğu yerde durmayan biriyim."

"Yani," dedim ve bir sonraki kelimelerimi vurgulamak için kısa bir ara verdim. "Bazen insanın olduğu yerde durması çok da kötü bir şey değil. 'Asla olduğu yerde durmamak' kulağa biraz mecburi geliyor, sanki bedeli ne olursa olsun devam etmek gibi, sizce de öyle değil mi?"

Sessizlik.

"Şey, bir şekilde her şey zamanı gelince devam ediyor ama..."

Rodolfo yine sessiz kalıyor. Gözleri tekrar doluyor.

"Görünüşe göre bu durumun ilk buluşmamızda bahsettiğiniz kaybınızla bir alakası var. Şimdi bununla ilgili konuşmak ister misiniz?"

"Dul olduğumu biliyor muydunuz?"

Ona şaşkın gözlerle baktım.

"Hayır, bilmiyordum. Bununla ilgili hiç konuşmamıştık."

"Sanırım son kaybımla fazlaca meşguldüm, bu yüzden diğer kaybımı, daha büyük olanı konuşacak zamanım olmadı. Valeria. Valeria gerçekten kendisi için mücadele eden biriydi."

Demek Valeria kendisi için mücadele etmişti, peki etmeyen kimdi? Rodolfo, rahat hayatını kısa süreli bile olsa geride bırakamayan Julieta'yı mı kastediyordu? Yoksa önemsiz şeylerle hayatını heba eden Sergio mu? Veya başka bir şey daha mı vardı?"

"Lütfen anlatın."

Rodolfo duraksadı. "Bununla ilgili konuşmak bana zor geliyor. Ama şey, sanırım bana iyi gelecek," dedi ve sonra tekrar sustu.

Ona baktım, hatıralar karanlık gibi üstüne çökmüştü. Yüz ifadesi değişmişti, ne kadar çok acı çektiğini görebiliyordum. Ağlamaya başladı. Önce hafifçe ama kısa süre sonra şiddetli hıçkırıklarla sarsılmaya başladı. Dirseklerini üst bacaklarının üstüne dayadı ve yüzünü ellerinin arasına gömdü. Benim payıma düşen onun ağlamasına izin vermek ve hiçbir şey söylememekti.

Defalarca tecrübe etmiş olmama rağmen, kedere boğulmuş birinin karşısında oturduğumda hissettiklerimi hâlâ tarif edememem çok tuhaf. Böyle anlarda tedavi odasına kasvetli ve ağır bir hava yayılır, ancak gerçekte sesler ve gürültülerle dolu bir sessizliktir bu.

Üstüne bir de ağlamalar, telaşlı nefes alışverişler, yüzler üzerinde gezen ellerin sesleri, hepsi benzersiz ve kendine özgü ifadeler biner. Böyle zamanlarda kendi kalp atışımı bile duyuyormuşum gibi hissederim.

İnsanlar aksini düşünse de bu sessizliğe izin vermek, bir analistin en zor görevlerinden biridir. Bu, bazen hastanın hissettiği o şiddetli kedere ve korkuya eşit davranma çalışmasıdır.

Rodolfo kımıldamadan on dakika boyunca ağladı. Nefesi sakinleştiğinde ona bir paket kağıt mendil uzattım.

"İster misiniz?"

Bana, sanki onu o kaskatı kesilmiş halinden kurtarmışım gibi baktı.

"İnanılmaz, Valeria yüzünden ne kadar uzun zamandır ağlamadığımı bir bilseniz... Biliyorum, bazen ağlamak lazım, bu önemli ve gerekli. Ama onun için o kadar çok ağladım ki bana bile sağlıksız bir durummuş gibi geliyor."

"Neden sağlıksız?"

"Çünkü, sanırım hâlâ onun kaybını atlatamadım. Öleli on yıl oldu. İnsan biri için bu kadar uzun süre acı çekemez! Psikologlar bu duruma ne diyor? Normalde yas süreci ne kadar sürer?"

"Bilmiyorum. Bir insanın kaybı yüzünden ne kadar acı çekileceğinin ölçüsünü kim saptayabilir ki? Ben yapamam."

İç çekti ve onunla alakası olmayan bir şey söyledi. Büyük bir ihtimalle bu şekilde kendini tekrar toparlamaya çalışıyordu.

"Bir yerde, normalde yas sürecinin yarım yıl ile bir buçuk yıl arasında sürdüğünü okumuştum. Ve bunun haricindeki sürelerin sağlıksız olduğunu."

Gülümsedim. "Kitaplarda böyle şeyler yazar Rodolfo ama gerçekte bunun aksi olur, öyle değil mi?"

"Benim durumumda kesinlikle öyle."

Bir durum değerlendirmesi yapmaya çalıştım: Kendi söylediklerinden yola çıkarsam, Rodolfo uzun zamandır kapalı olan bir kapıyı açmıştı. Bu sebeple de ortaya çıkan üzüntü oldukça önemliydi. O anda, tekrar edecek sarsıntı yaşamadan bu konuya devam edecek durumda değildi. Önemli olan bu seansta olanlardan bir şey çıkarıp, görünüşe göre bunca zamandır kaçmaya çalıştığı acıyla yüzleşmeye devam etmesiydi. Ancak her analizin saygı duyulması gereken bir ritmi vardır.

"Bence bugünlük burada bırakalım," dedim. "Seans yeterince ağırdı. Uzun süre atlatmak için uğraştığınız geçmişinize dair bir hikayeyle yüzleştiniz. Ve bu iyi bir şey, ben buna çok sevindim. Şimdi konu tekrar gün ışığına çıktı. Ve eminim onunla ilgili daha çok konuşacağız. Ama en iyisi önümüzdeki hafta."

Rodolfo başıyla onayladı ve ayağa kalktı. Dışarıya çıkmadan önce bir kez daha durdu.

"Neredeyse ödeme yapmayı unutuyordum. Kusura bakmayın, kendi hikayemle o kadar meşgulüm ki."

Gülümsedim ve parayı çıkardı. Benim de aklıma gelmemişti – Valeria'nın ölümünün acısının üstesinden neden gelemediğini anlamayan bir tek Rodolfo değildi.

Rodolfo, Valeria'yla tanıştığında otuz dört yaşındaydı.

"O zaman, uzun süreden beri kontrolü kaybetmiş durumdaydım," diye anlattı.

"Ne gibi?"

"Kadınlarla ilgili konular gibi. Onun dışında her zaman kontrollüydüm," dedi gülümseyerek.

"Peki 'uzun süreden beri' ne demek?"

"Şey..." diyerek biraz düşündü, "...belki yedi ya da sekiz yıldır."

"O zaman diliminde ne oldu?"

"Mümkün olan her şey. Sarışın, kahverengi saçlı, uzun boylu, yaşlı ve genç kız arkadaşlarım vardı. Sanki hep yenisi olmak zorunda gibiydi. Ve elbette hiçbiriyle ciddi değildim. Bazılarını işyerinden tanıyordum, bazılarını üniversiteden veya konservatuardan ya da komşu çevreden. Annem her seferinde saçını başını yolacak hale geliyordu. Bana ise her seferinde iyi geliyordu."

'Bana ise her seferinde iyi geliyordu'. Bu cümle bir süre aklımı kurcaladı. Ama dikkat çekici başka bir şey daha vardı.

"Sözünüzü kestiğim için kusura bakmayın ama az önce konservatuar dediniz."

"Evet."

"Anlatsanıza, hangi konservatuar bu? Bugüne kadar bana mühendis olduğunuzu söylediniz."

"Evet, bu doğru. Ama çocukken ve sonrasında da piyano çalmıştım."

"Hm, güzel. O halde bir süre müzik hobiniz oldu."

"Bana göre hobiden daha fazlasıydı. Yedi yaşındayken bizim muhitte oturan bir piyano öğretmeninden ders aldım ve on dördümde devlet okulunda müzik sınavını geçtim. Bu çok basit olmuştu, çünkü evde piyanomuz vardı. Bu konuda o kadar heyecanlıydım ki öğretmenim Amelia beni her gün evinde çalıştırıyordu. Bu yıllarca sürdü." Bakışları adeta geçmişte kaybolmuştu. "İnanılmaz mutluydum. Piyano çalmak benim için tek ve her şeydi."

"Peki sonra?"

"Amelia bana sürekli yetenekli olduğumu söylüyordu. Sınavı geçtikten sonra küçük bir kutlama yaparken bana daha fazlasını yapacağını ama öğretmen olarak kendisinin yetersiz olduğunu söyledi. Beni tanıştırmak istediği büyük bir piyanistten bahsetti. Ondan beni öğrencisi olarak kabul etmesini rica edecekti. Tabii ki bu plan beni heyecanlandırmıştı. Ama..."

"Ama ne?"

"Anneme bundan bahsettiğimde hayallerimi yerle bir etti. Bana bizimki gibi bir ailede çalışılması gerektiğini söyledi. Sırf benim hatırıma piyano dersi için yeterince para harcamışlardı. O kaçık kadının hayalleri için hayatımı berbat etmeme izin vermeyecekti."

"Ama bu Amelia'nı hayali değildi, bu sizin hayalinizdi."

Rodolfo başıyla onayladı.

"Bunu ona söylediniz mi?"

"Neden söyleyecektim ki? Annem kafasına bir şey koyduğu zaman dünyada hiç kimse onu ikna edemezdi. Hatta Amelia bile fikrini değiştirmeye çalışmıştı."

Rodolfo'nun yüzü kararmıştı.

"Peki anneniz ne tepki verdi?"

"Ah Tanrım, hâlâ utanıyorum. Bana davranışı inanılmazdı. Amelia'ya azgın moruk dedi. Bana asıldığını söyledi." Başını eğdi. "Ve bunu, onca zaman bana sevgi dolu davranan ve benimle ilgilenen biri için söyledi. Yerin dibine girmeyi tercih ederdim. Annem o kadar bağırdığı için insanlar evin önüne toplanmıştı. Onu nasıl susturacağımı bilmiyordum, buna cesaretim yoktu."

"Annenizden korkuyor muydunuz?"

"Hem de nasıl. Daha sonra Amelia'ya gidip özür dilemek istedim. Ama yapamadım ve onu bir daha görmedim... yani yaşarken." Ona meraklı gözlerle baktım. "Otuz yaşındayken onun öldüğünü duydum. Cenazeye gittim. Doğal olarak kimse beni hatırlamıyordu ve tanımadıkları birinin Amelia'nın ölümüne neden bu kadar çaresizce ağladığını merak etmişlerdi. Sadece bir tek ben, onun ölümüyle birlikte en büyük hayallerimden birinin de yok olduğunu biliyordum."

"Şu anda ne düşündüğünüzü bana söyler misiniz?"

"Amelia'nın iki çocuğu vardı ama ikisinin de müziğe ilgisi yoktu. Ne yaptığımı biliyor musunuz?"

"Bilmiyorum."

"İçimdeki dürtüye engel olamadım ve piyanosunu onlardan satın aldım. Sonra konservatuvara yazıldım ve birkaç yıl eğitim gördüm ama neticede yine vazgeçtim. Ama piyano hâlâ bende. O benim için çocukluğuma dair bir arkadaş, saatler boyunca çalıştığım bir enstrüman, Amelia'yla geçirdiğim tüm öğlenlerimin refakatçisi, Amelia'nın kahkahası ve şefkati... ve benim mutluluğum."

"Demek piyano çalmayı yine bıraktınız. Sonra yine müzik yapmayı hiç düşünmediniz mi?"

Bana baktı. "Sizin de bir zamanlar müzisyen olma hayallerinizin olduğunu biliyorum."

Başımla onayladım.

"Ve siz de biliyorsunuz ki benim yaşımdaki biri enstrüman çalmaya başlarsa hiç şansı olmaz."

Söylediği kulağa sert geliyordu ama doğruydu: Müzik dünyası büyüleyici ve kendine has. Ama aynı zamanda zalim. Rodolfo da kaybolan yılların geri gelmeyeceğini biliyordu. Büyük bir piyanist olma hayali tarihe karışmıştı. Ne diyeceğimi bilmiyordum.

Rodolfo, başta konuştuğumuz konuya devam etmemizi tercih etti. Sayısız ilişkilerinden bahsetmeye devam etti. İki kişi dışında, sevgili piyano öğretmeni ve ürktüğü annesi. Yine de ikisinin, tıpkı müzikal kariyeri gibi hayatında büyük rol oynamış olduğunu ve hâlâ oynadıklarının farkındaydım. Bu konuyla ilgili daha ayrıntılı konuşmak isterdim ama psikanalizde durum şudur: Analiz sürecini yöneten analist olsa da bireysel seanslarda söz harfi harfine hastanındır. Bu yüzden de konuşmanın gidişatını Rodolfo'ya bıraktım ve bu konuyu başka bir zamana sakladım.

"Zamparalık geçmişime geri dönersek: Size yalan söyleyemem, hiç de kötü bir dönem değildi. Aksine süperdi. Her hafta başka bir kadınla olmayı kim istemez? Ama bir süre sonra bunun yorucu olduğunu fark ettim."

"Yani, yedi yıl da hiç fena bir süre değil."

"Evet ama onun öncesinde her şeyden bıkmıştım. Aslında ilk üç yıldan sonra bir rutin haline geldi ve git gide daha çok sinirime dokunmaya başladı. Diğer açıdan, dediğim gibi buna ihtiyacım vardı."

"Evet ve bir süre sonra insan olmaktan çıktınız, bir çeşit avlanan hayvana dönüştünüz."

Bana şaşkın gözlerle baktı. "Kusura bakmayın ama bunu anlamadım. Ne demek istediniz?"

"Organik yaşamın korunmasını sağlamak için gereken temel birkaç şey dışında – örneğin solunum gibi – insan, hayvandan farklıdır. Gereksinimleri değil, arzuları ve hırsları olan bir varlıktır. Söz konusu yemek yemek gibi temel bir durum olduğunda – eğer açlıktan ölmek üzere değilse – proteinlere ve karbonhidratlara saldırma arzusu hissetmez, sadece gayet basit bir şekilde ızgara et veya pizza yemek ister. Hatta insanlar restorana oturduklarında, eğer o anda istediği şey yoksa oradan rahatlıkla kalkabilirler. Çünkü yemek yeme gereksiniminde çok özel bir şeyi istemek önemlidir. Anlıyor musunuz?"

"Evet."

"Güzel, o zaman şimdi konunun beslenme gibi nispeten daha basit bir şey değil de cinsellik olduğunu düşünün: O zaman durum daha karmaşık hale geliyor. Neticede bir etin yerini hamburger alabilir, buna karşın bizim için öyle önemli insanlar vardır ki yerlerini kimse dolduramaz. Ama bunu en iyi siz bilirsiniz."

"Doğru. Ama siz şimdi sevgiden bahsediyorsunuz, bense cinsellikten bahsediyordum."

"Tamam. O halde şimdilik aşkı bir kenara bırakıyoruz ve cinsellik hakkında konuşuyoruz. Kimse x bir kişiyle yatağa girmek istemez, çünkü bu durumda da arzu belli bir kişiye yöneliktir. Sarışın, kahverengi saçlı, uzun ve kısa boyu kadınlarla birlikte olduğunuzu söylediğinizde, sizin her kadınla birlikte olabileceğinizi düşünmem gerekirdi. Ama bu açıdan baktığımda bundan kuşku duyuyorum. Ve az önce 'buna ihtiyaç duyduğunuzu' söylediğinizde, bu davranışın sizde zorunluluk haline geldiğini ve baskı sonucu oluştuğunu düşündüm. Bundan dolayı da belli kişilere göz diktiğinize ve gerçekten içgüdülerinize teslim olduğunuza kanaat getirdim. Biliyorum siz, sizin için hiçbir kadının farklı olmadığını düşünüyorsunuz, buna rağmen ben görünüşte aynı olan bu kadınların ortak bir noktaları olduğunu düşünüyorum. Peki öyleyse, bu ne olabilir? Sizin bir fikriniz var mı?"

Düşündü.

"Dürüst olmak gerekirse hayır," dedi sonunda cesareti kırılmış gibi.

"Sorun değil, acelemiz yok."

Bunu her şeyden önce gerginliğini yok etmek için söylemiştim. Çünkü büyük bir keder içinde olan veya kendisinden çok fazla beklentisi olan insanlar, analiz sürecindeki bulmacalara hızlı çözümler bulabilmek için bizzat kendilerini baskı altında tutarlar. Rodolfo'nun başına da tam olarak bu gelmişti.

"Önemli olan..." diye devam ettim "...bu soruyu sormuş olmamız. Bundan sonra hep aklımızda olmalı. Belki bugün bir cevap bulamayız ama büyük bir ihtimalle daha sonra başaracağız."

Seanslar farklılık gösterebiliyor. Bazen bu gibi şeyler o kadar arka planda kalıyor ki unutuluyor ve içindeki gizli anlamı çözebilmek için konuya geri dönüş yapılmıyor. Neyse ki bu vakada böyle olmadı.

Bunu takip eden seanslarda Rodolfo o dönemde birlikte olduğu kadınları hatırlamak için büyük çaba sarf etti. Bu hiç kolay değildi, çünkü gerçekten çok fazlaydı. Bu kadınları birbirine bağlayan bir şeyin olma ihtimali onu rahat bırakmıyordu. Ama aklına hiçbir şey gelmiyordu, bu yüzden huzursuz ve sıkıntılıydı.

Kendini düşünmeye zorlayan hastalarda bu, sıklıkla görünen bir durumdur. Bir düşünceye odaklanmaya karar verdiklerinde, tüm dikkatlerini ve enerjilerini oraya yöneltiyorlar. Bunun da analize pek faydası olmuyor. Bunu engellemek için Rodolfo'nun bazı duygularını uyandırmaya ve bu yolda başka şeyler düşünmesini sağlamaya çalıştım. Bu noktada bir konu bana oldukça uygun geldi:

"Valeria hakkında neredeyse hiç konuşmadık."

"Hâlâ onu tanımadan önceki zamanda neler olduğunu tam olarak bilmiyorum."

"Analizlerde kronolojik olarak zamana uymamız gerekir mi? Size bir önerim var."

"Nedir?"

"Şu anda konuştuğumuz konuyu biraz nadasa bırakalım."

"Ama henüz sonuca ulaşamadık."

"O halde şimdilik konuyu açık bırakalım. Bu kötü bir şey değil. Sadece devam edelim. Eğer gerçekten önemli bir şey unuttuysak, kendiliğinden ortaya çıkacaktır, merak etmeyin."

"Diyorsunuz."

"Evet, diyorum." Böylelikle sorumluluk almıştım. Şu anda bu önemliydi. "Bana Valeria'dan bahsedin."

Uzun bir sessizlik olmuştu. Rodolfo'nun bütün anılarını uyandırdığını ve Valeria'ya geri döndüğünü fark ettim. Sonunda anlatmaya başladı. Onunla, Fellini'nin *Casanova* filminin oynatıldığı ve sonrasında üstüne tartışmaların yapıldığı bir organizasyonda tanışmıştı.

"Bu tam olarak size uygun bir konu," dedim gülerek.

"Öyle. Ama kulağa ne kadar komik gelse de o günden sonra benim *Don Juan* oyunum son buldu."

"Bu nasıl oldu?"

"Filmden sonraki tartışma çok ilginçti. Moderatör çok iyi bir iş çıkardı, bu problemli figürün sapkınlığını, fetişizmini, çift cinsiyetliliğini tüm hatlarıyla göstererek diğerlerinin ilgisini çekmeyi başardı. Çok heyecanlı bir akşamdı. Film, seyredenlerde değişik duygular ve düşünceler uyandırmıştı. O filmi biliyor musunuz?"

Başımla onayladım.

"Beğendiniz mi?"

"Görkemliydi. Ama hoşuma gitti mi bilmiyorum," dedim açıkça.

"Ben de öyle hissetmiştim. Bir süre etkilendim, sonra sıkıldım ve yer yer ürktüm."

Filmi seyrederken hissettiğim duygular, kaçınılmaz bir şekilde tekrar uyanmıştı ve doğruyu söylemek gerekirse Rodolfo'nun hissettiklerinden farksızdı. Ama bu, film analizi seansı değil, bir psikanaliz seansıydı. Bu sebeple Rodolfo'ya bundan bahsetmedim. Belki daha sonra bir fırsatım olurdu.

"Peki Valeria?"

"Valeria keyifli görünüyordu. Düşünsel anlamda tabuları olan biri değildi. Bir feministin kızgın eleştirileri onu eğlendirmişti. Ama o daha çok filmin görsel yönleriyle ilgileniyordu, örneğin bir kez gördüğümüz ve rüzgarda dalgalanan uzun kumaş parçalarının hareketli bir denizi andırması gibi. Ama bunda şaşırılacak bir yan yoktu, ne de olsa mimardı. Konuşmalar esnasında birçok kez göz göze gelmiştik. Sonra herkes uzun bir süre terasta durdu. Kıştı. Valeria bir süre sonra çantasından yün beresini çıkarıp taktı ve paltosunun yakalarını kaldırdı. Sonra ellerini ceplerine soktu ve bana gülümsedi. Burnunun ucu kıpkırmızı olmuştu. Olağanüstü görünüyordu."

Sustu, o anın içinde kayboldu. Ona zaman verdim ve epey bir süre sonra sordum.

"Sonra ne oldu?"

"Garipti."

"Ne gibi?"

"Kadınları hızla fethetmeye alışıktım ama o anda ne diyeceğimi bilemedim. Teras git gide boşalmaya başladı, bir süre sonra yalnız kaldık. Ne onun ne de benim vedalaşmak gibi bir niyetimiz olmadığı açıkça görülüyordu. O anda bana baktı ve "Hava soğuk, bana bir kahve ısmarlar mısın?" dedi. Rodolfo yine sustu. Analizlerde sıklıkla olduğu gibi, o da tamamen geçmişe gitmişti – insan bazı durumları sadece anımsamakla kalmaz, aynı zamanda onu tekrar yaşar. Hasta, olayın gerçekleştiği anda yaşadığı ruhsal ve duygusal duruma girer. Bu, özellikle travmatik durumlarda gözlemlenir. Seansın ortasında titremeye başlayan ve sanki geçmişi bugün de yaşıyormuşçasına korkan hastalarla sıklıkla karşılaştım. Bu vakada görüldüğü gibi, güzel anılarda da aynı şey olması mümkün.

"Peki onu davet ettiniz mi?"

"Elbette. Saat dokuza doğru kafedeydik. Konuşmaya başladık ve bu kadar doğal ve sakin bir şekilde sohbet etmemiz çok ilginçti. Ona bakmaya doyamıyordum, sesinin tonu ve kahkahası olağanüstüydü. Zaman mevhumunu kaybetmiştik. O anda olanlar harikaydı. Ve bir an fark ettik ki saat gece üç olmuştu. Her şey kendiliğinden olmuştu. "Gidelim mi?" diye sordu. Ben de kabul ettim. Yola çıktık. Bu esnada sohbet etmeye devam ettik. Bulutların üstündeydim, inanılmazdı. Bana gülmeyin ama sanırım saçımdan ayak ucuma kadar ona aşık oldum." Bana baktı.

"Ona eve kadar eşlik mi ettiniz?"

"Elbette."

"Orada ne oldu?"

"Orada vedalaştık ve birbirimize telefon numaralarımızı verdik."

"Sizi eve davet etti mi?"

"Hayır. Valeria dikkati bir gözlemciydi, sanırım o anda bunu istemediğimi hissetmişti."

"Ah, demek öyle. Peki neden?"

"Çünkü, daha önce de dediğim gibi, çıktığım her kadınla sonunda yatağa girmek zorunda olmaktan bıkmıştım. Bu kez farklı olmalıydı."

"Ama zaten Valeria'yla her şekilde farklı olacağını düşünmüyor musunuz?"

Düşündü.

"Kesinlikle olurdu."

"O zaman da devreye şu mekanizma girerdi, öyle değil mi?"

"Nasıl bir mekanizma?"

"Bazı şeyleri yapmaya mecbur hissetmediğiniz zaman, severek yapacağınız şeyleri kendinize yasaklama mekanizmanız."

Darbe yemişti ve düşünceli gözlerle sustu.

"Sanırım evet."

Bu benim yaptığım bir hataydı. Böyle bir yorum yapmanın zamanı değildi. Rodolfo birçok seanstan sonra ilk kez kendisi ve yaşadıklarıyla ilgili akıcı bir şekilde konuşmaya başlamıştı. Bense sanki yapılacak başka hiçbir şey kalmamış gibi, onu tekrar sabit fikriyle yüzleştirmiştim. Durumu elimden geldiğince düzeltmeye çalıştım.

"Bu tanışmadan sonra yalnız kaldığınızda kendinizi nasıl hissettiniz?"

Sessizlik. "Özür dilerim ama hâlâ az önce söylediğinizle meşgulüm. Doğru, sıklıkla öyle davranıyorum, bu konuda haklısınız."

"Bu mekanizmayı unutmamamız çok önemli. Eminim ki hayatınızda onun etkili olduğu başka durumlar da olmuştur ama yavaş yavaş ilerleyelim. Şu anda bunun bir listesini çıkartmanız gerekmiyor. Ve bunu size, tıpkı okul yıllarındaki gibi ev ödevi olarak da vermiyorum, anlaştık mı?"

"Evet."

"Güzel. Ancak, hâlâ size sorduğum soruya cevap vermediniz."

"Hangi soruya?"

"Valeria'yla vedalaştıktan sonra kendinizi nasıl hissettiniz?"

Sessizlik.

"Gariptim, hiç olmadığım kadar canlı ve çok heyecanlıydım."

Güldü.

"Ne oldu?"

"Zihnim Valeria ve tanışmamızın büyüsüyle o kadar meşguldü ki farkında olmadan eve kadar yürümüşüm. Sanırım bu, hayatımın en güzel gecesiydi."

Sessizlik.

"Peki hikaye nasıl devam etti?"

"Ertesi gün beni saat üçe doğru aradı."

Yine güldü. Görünüşe göre bunlar, hafızasına ve kalbine kazınmış en mutlu anlardı.

"Bana ne dedi biliyor musunuz?"

"Hayır."

"Bana akşam nerede yemek yiyeceğimizi sordu."

Bu cümleden sonra ben de gülümsedim.

"Siz ne cevap verdiniz?"

"Bir restoran ismi ve saat verdim. O da, 'tamam, geleceğim' dedi."

Uzun bir sessizlik.

"Böylece başlamış oldu. O andan sonra neredeyse sürekli beraberdik. Ta ki..." İşte keder yine dönmüştü: "Ta ki o ölene kadar."

Kağıt mendili aldı.

"İnanılmaz," diye mırıldandı.

"İnanılmaz olan ne?"

"Şu anlattıklarımdan bu yana 12 yıl geçti. Ve Valeria öleli 10 yıl oldu."

Sessizlik.

"O neden öldü Rodolfo?"

"Lenf kanseri yüzünden."

"Bundan bahsetmek ister misiniz?"

Bana baktı.

"Hayır, bugün değil."

"Tamam, sorun yok."

"Bir şey daha, sizden bir şey rica edebilir miyim?"

"Elbette."

İç çekti. "Şimdi gidebilir miyim?"

"Kötü müsünüz?"

"Hayır. Ama şimdilik az önce konuştuğumuz konuda kesmek isterim. Sonrasında konuştuklarımız o kadar ağır ki Valeria'yla benim tıpkı bir rüya gibi başlayan ve hızla biten hikayemizin başını anımsamakta güçlük çekiyorum."

Bu rica kalpten gelmişti. Ve elbette bir süre rahatsız edilmeden anılarına dalmaya hakkı vardı. Rodolfo'nun düşü ne kadar sürmüştü? Bunu bilmiyordum. Ama bu konunun onun için inanılmaz önemli olduğu elbette ki belliydi.

Bir sonraki seansa oldukça ciddi bir yüz ifadesiyle geldi.

"Ne oldu?" diye sordum.

"Sanırım bugün Valeria'nın hastalığını konuşmak zorundayız."

Başımı salladım.

"Hayır, değiliz. Sadece siz isterseniz."

"Teşekkür ederim ama bunu size anlatmazsam devamıyla başa çıkamayacağımı hissediyorum. Yani, ardımda bırakmayı tercih ediyorum."

"Nasıl isterseniz."

Birkaç saniye tereddüt etti.

"Size ertesi akşam bir restoranda yemek yediğimizi anlatmıştım.

"Evet."

"Tamam, samimi ve rahat bir restoran bulmuştum. Gittik, siparişimizi verdik, önce şarap geldi, kadeh kaldırdığımızda uzun süre birbirimize baktık. Sonunda bir şey söylemek istedim ama o beni durdurdu. 'Ne oldu?' dedim. Bana hiçbir şey söylemememi ve sadece bakmamı söyledi. Gözleri doldu ve sonra bana aşık olduğunu, çok ciddi olduğunu söyledi. Cevap vermek istediğimde bir el hareketiyle susmamı işaret etti. 'Bana bırak' dedi. Bu esnada bana o kadar değişik bakıyordu ki tüylerim diken diken oldu. Aynı anda onunla ilgili bir şeylerin yolunda olmadığını anladım. Kısa süre sonra gözlerini sıkıca kapadı ve başını eğdi. Ne olduğunu sormak istiyordum ama o an onu bölmeye cesaret edemedim. Sonra başını kaldırdı ve gözlerimin içine baktı: 'Kadehimizi tanışmamıza kaldıralım. Sonra bana gidip seviştiğimizde sana bir sır vereceğim,' dedi."

Epey bir süre sustu.

"Peki öyle mi yaptınız?"

"Evet, yemekten sonra ona gittik. Sonra olanları size nasıl anlatacağımı bilmiyorum? Mucizelere inanır mısınız?"

"..."

"Sorun değil. O ana kadar ben de inanmıyordum."

"Anlatın, ne oldu?"

"Ona gittik. Evi tıpkı kendisi gibiydi: Küçük ve harika. Eve girdiğimizde, ayakkabılarını çıkardı, elimden tuttu ve beni yatak odasına götürdü. Birçok kadınla olduğumu biliyorsunuz ama sanki bunu ilk kez yapıyormuşum gibi hissediyordum. Yatağa uzandığında titremeye başladım. Uzun süre öpüştük. Aramızdaki büyü bozulacak diye ona dokunmaya cesaret edemiyordum. Daha önce olduğu gibi inisiyatifi almıştı. Saçını açtı, kazağını çıkardı ve bana baktı. 'Hadi, sen devam et' dedi. Onu dikkatlice soymaya başladım ve tekrar tekrar öptüm. Bir süre sonra gözlerime baktı ve 'Yanıma gel' dedi. Dikkatlice yanına yaklaştım. Şefkatle ve tutkuyla sevişiyorduk."

Rodolfo sustu ve ağlamaya başladı. Sakin ve kendine hakim olarak, tıpkı güzel bir şey hatırlandığında ağlandığı gibi.

"Tüm bunları ilk kez anlatıyorum."

Kımıldamadım, tek bir kelime dahi söylemedim. Tasvir edişini hiçbir şekilde etkilemek istemiyordum. Hayatının kutsal bir anını bana açmıştı. Ve ben de ona, analizindeki bu anı elimdeki tüm imkanlarla koruyarak teşekkür ediyordum.

Dakikalar geçti.

"Aradan bir süre geçmişti ki yüzümü ellerinin arasına aldı," diye devam etti Rodolfo. "'Bana bak!' dedi. 'Sana bir sır vereceğim.' Dudakları titremeye başladı, çok üzgün görünüyordu. 'Ne oldu?' diye sordum. Beni okşadı ve 'Ben öleceğim!' dedi. Ve... ve sonra tüm bedenini bedenime bastırdı."

Şimdi Rodolfo yine çaresizlik içinde ağlıyordu. Ona hayran olmuştum. Bir insanın acısını böylesine açık bir şekilde gösterebilmesi için samimi ve dürüst biri olması lazımdı. Bizim toplumumuzda erkeklerin ağlamadığı söylenir, böyle bir şeyi sadece kadınlar yapar. Ancak, karşımda hiçbir şekilde utanmadan kalbini bana açan bir adam vardı.

Kim bilir orada ne çok acı, ne çok kayıp, ne çok yas gizlidir.

Saate baktım ve beş dakika sonra yeni bir hastamın geleceğini fark ettim. Rodolfo'dan özür diledim ve odadan çıktım.

"Lütfen Hernán'ı arayıp bugün onu göremeyeceğimi söyler misiniz?" dedim sekreterime. "Ona üzgün olduğumu söyleyin ve yeni bir randevu oluşturun."

"Çıkıyor musunuz?"

"Aksine, seans odasından çıkmaya niyetim yok."

Mutfağa gidip bir bardak su aldım. Rodolfo'nun ihtiyacı olacaktı, çünkü bugünkü seansımız uzun sürecekti.

O akşam sarmaş dolaş yatakta yatarlarken Valeria hastalığıyla ilgili her şeyi anlatmıştı. Ona duygularını açmak için uzun süre bekleyemeyeceğini ve bunun Rodolfo için de her gün karşılaşabileceği bir tanışma olmadığının bilincindeydi. Her ne olursa olsun bu durumu gizlemek istemiyordu ve devamında ne olacağının kararını Rodolfo'ya bırakmıştı.

Rodolfo evine döndüğünde tüm duyguları aynı anda hissediyordu: Korku, mutluluk, keder, şaşkınlık, öfke, hayranlık. Ve zihninin içindeki resimler ve düşünceler birbirine girmişti.

Valeria ondan kendisini iki gün sonra aramasını rica etmişti. Bu zaman süresince, Valeria'nın kalan ömrünü – yıl mı, ay mı bunu bilmiyordu – onunla paylaşmak isteyip istemeyeceğini düşünmesini istemişti.

"Eğer istersen," demişti. "Beni bir daha aramayabilirsin. Yine de her zaman kalbimde olacaksın. Ama beni ararsan, henüz hayatta olmama rağmen, öleceğim için yakınan biriyle birlikte olmak istemediğini bilmeni isterim. Benimle olduğunda bir daha asla hastalığımdan bahsedilmeyecek. Seçim senin."

"Peki, siz nasıl bir karar verdiniz?"

"Ona düşünecek bir şey olmadığını hemen söyledim. Ama kabul etmedi. Bunu benim için değil, kendisi için yaptığını söyledi. Tabii ki onu iki gün sonra aradım." Tebessüm etti ve bakışı yine geçmişte kayboldu. Birden gevşemiş göründü, evet, hatta muyluydu.

"Güzel," dedim. "İstediğiniz kadar anlatmaya devam edebilirsiniz."

İllüzyonlarla dolu bu zaman dilimi hakkında daha önce hiç konuşamadığını söyledi. Ve bunun ne kadar kısa olduğunu biliyordum, aslında sadece bir gün sürmüştü. Çünkü Valeria'nın ölümüyle ilgili düşünceleri, her ne kadar Rodolfo bunun aksini iddia etse de ilişkileri esnasında her an onlarla birlikteydi. Böyle bir şeyi, ne kadar çaba sarf etseniz de bastılayamazsınız.

Yine de büyük bir sevinçle başlangıç zamanını anlattı. Anıları uzun geceler, uzun sohbetler, bol kahkaha ve olağanüstü bir cinsellik içeriyordu.

Onunla sevişmek sonsuz bir güzellikteydi. Birbirimize uzun süre bakardık ve inanamazdık. Bunun üstüne, benim için çok önemli olan bir şey daha olmuştu."

"Neydi o?"

"Valeria'yı tanıyana kadar sadece yüzeysel arkadaşlıklarım vardı. Birlikte olduğum insanlarla eğlenmiş, hoş vakit geçirmiştim, onlarla ciddi şeyler konuşulmazdı." Tıpkı Julieta ve ailesi gibi, diye düşündüm ama şimdilik bunu kendime saklamayı tercih ettim. "Valeria bana başka bir şey gösterdi. Beni ailesi ve yakın arkadaşlarıyla tanıştırdı. Bu sayede bir sürü duyarlı ve kültürlü insanla tanışma fırsatı buldum, onlar bugün hâlâ benim yakın arkadaşlarım. Onları çok seviyorum. Bu da Valeria'nın bana bıraktığı bir armağandı. Bildiğiniz gibi ben tek çocuğum ama Valeria'yı tanıdığım günden sonra hiç yalnız kalmadım."

Sustu. Anlatmaya devam etmesini bekledim ama o anda başka bir şey söylemedi. Ben de susuyordum ve son cümlesini düşünüyordum. Valeria'yı tanıdığım günden sonra *'hiç yalnız kalmadım'* demişti.

O günden sonra umutsuzca Valeria'yı düşünmüş olmakta haklıydı. O kısa zaman diliminde yaşadıkları onca anıyı bastırmaya çalışmak, kim bilir ne kadar zor olmuştu.

Önümüzdeki çalışma sürecini düşündüm, acaba Rodolfo, Valeria konusunda özgürleşmesi için ona yardım etmemi istiyor muydu?

Birkaç hafta sonra birlikte yaşamaya ve birlikte her anın tadını çıkarmaya başladılar.

İki yıl.

Bu aşk o kadar sürmüştü. Valeria'nın hastalığı onlara bu kadar zaman bahşetmişti.

Kendimizi bu konuya adamamızı takiben dördüncü seansta hikayenin sonuna odaklanmaya başladık. Tedavi süreci Valeria'da işe yaramamıştı ve son çok yakındı. Rodolfo ne kadar çabalasa da bunu inkar edemiyordu. Valeria cesurdu ama hastanede kalış süreleri uzamaya başlamıştı ve günün birinde doktorlar genel durumunun kötüleşmesi sebebiyle kemoterapiyi kestiler.

Rodolfo son günü hâlâ oldukça net hatırlıyordu.

Valeria çok güçsüzleşmişti, neredeyse hiç enerjisi yoktu ve zor nefes alıyordu. Bir haftadır yanından bir an bile ayrılmamıştı.

"O akşam bir şeyler yemesini teklif ettim ve o da güldü. 'Şu anda yemek yemeyi nasıl düşünebilirim, gel yanıma yat' dedi."

Sakin bir ses tonuyla anlatıyordu. Gözleri parlıyordu ve

ilginç bir şekilde güçlü görünüyordu. Konuşmaya devam etti: "Yanına yattım ve yüzünü okşamaya başladım. 'Çirkin mi görünüyorum?' diye sordu. Ben de hayır, her zamanki gibi güzelsin, dedim. O anda bana baktı ve..." Sustu.

"Size ne söyledi?"

"Bana 'O halde gel' dedi. Onu öptüm ve sarıldım, sonra ağlamaya başladım. Öldüğünü ve onunla son kez konuştuğumu anladım. Birine bakmanın ve onunla o anda son kez konuştuğunuzu bilmenin nasıl bir duygu olduğunu biliyor musunuz? Kendi sesinizi bile duymak istemezken, ses tonunuzu korumaya çalışmanın nasıl bir şey olduğunu! Karşınızdaki git gide daha zor nefes alırken, sizin elinizden hiçbir şey gelmemesi ne demek bilir misiniz? Çok sevdiğiniz biri ölürken ne kadar çok acı çekildiğini biliyor musunuz?"

Elbette biliyordum. Zihnimde geçmişe dair güçlü, acı verici kareler belirdi. O kadar acı veriyordu ki düşünemiyordum bile. Ama şu anda acı çekmenin yeri ve zamanı değildi. Derin bir nefes aldım ve çok özlediğim o kişilerin yüzlerini zihnimden yok etmeye çalıştım. Ancak belli bir süre sonra, şu anda daha önemli olan konuya odaklanmayı başardım: Rodolfo.

"Sonra ne oldu?"

"Sonra onu sevdiğimi söyledim, beni yalnız bırakmamasını. Sensiz ne yapacağım? Sen olmadan yaşayamayacağımı anlamıyor musun, dedim. Bana baktı ve sıkıca sarıldı. Sanki o beni teselli ediyor gibiydi."

"Bir şey söyledi mi?"

Rodolfo başıyla onayladı.

"Evet. 'Benim sarışın sevgilim, seni sevme fırsatını yakaladığım için bu hayata değdi' dedi. Sonra devam edemedi.

Bir süre sonra 'ama sen de biraz erken gelebilirdin, öyle değil mi' dedi."

Rodolfo'nun sözlerini iyice sindirmeye çalışıyordum. Analizlerde sözcükleri algılamaya çalışırım resimleri değil. Ama bu kez başaramıyordum, sanki her şey bir film şeridi gibi gözümün önünden geçiyordu. Birbirlerine nasıl sarıldıklarını, nasıl veda ettiklerini ve kaçınılmaz olanı durdurmaya çalıştıklarını tam anlamıyla hayal edebiliyordum. Kız solgun ve zayıf ama hâlâ çok güzeldi. O güçlü ve sağlıklı ama tıpkı bir çocuk gibi titriyordu.

Rodolfo'nun sesi beni gerçeğe geri döndürdü.

"Bana sıkıca sarıl, korkuyorum, dedi."

"Siz ne yaptınız?"

"Ona doktoru çağıracağımı söyledim. Ama ayağa kalkmak istediğimde bana bunu yapmamamı söyledi. 'Bir sürü beyaz giyinmiş insan arasında yalnız ölmek istemiyorum. Ben seninle ölmek istiyorum... Senin kollarında. Senin kokunu ve sesini duymak... Lütfen zaten çok kısa sürecek. Şimdi beni yalnız bırakma, sonuna kadar benimle ol!' dedi. Ve sonra öyle oldu. Ona tekrar sarıldım ve sırtını okşadım. Bunu hep çok severdi, bu şekilde uyurdu."

"Sonra ne oldu?"

"Bir süre sonra irkilerek uyandım. Ben de uyuyakalmıştım. Yüzünü okşadım ve ona baktım: Orada değildi, ölmüştü."

Sessizlik.

"Sonra?"

Cevap vermesi uzun sürdü. "Ağlamaya başladım. Ona sıkıca sarıldım, çok sıkı. Ve sonra yine uyudum, ertesi sabaha kadar."

Derin bir nefes aldım.

Hastalar bize bir şey tasvir ettiklerinde biz psikologların etkilenmediğine inananlar çok yanılıyorlar. Bazen çok inanılmaz güçlü duygulara kapılıyoruz. Buna rağmen, bu duyguların mantığımızı güçsüz hale getirmemesi için çok dikkatli olmalıyız. Bu öyle bir andı.

Rodolfo seansın geri kalanında hiçbir şey söylemedi. Ben de.

Artık Rodolfo'nun analizinin net bir çerçevesi vardı: Geçmişi ve şu anki durumu. Bir yanda, kendi deyimiyle Valeria'yla tanıştıktan sonra sona eren Don Juan olduğu yıllar, diğer yanda da Julieta ile tanışana kadar tamamen her şeyden uzak durduğu yıllar vardı. İkisi birbirinden çok farklıydı: Yedi yıl boyunca dizginlenemez ölçüsüz bir sefahat sonrası Valeria ile zaman geçirmişti. Ardından yedi yıl münzevi hayatı yaşamıştı, Julieta'nın ortaya çıkışı ve Rodolfo'nun cinsel hayatının yine harekete geçirmesiyle de bu süreç bitmişti. Tüm bunlar belli bir simetride ortaya çıkıyordu ve hiç kuşku yok ki özel bir anlamı vardı. Ama o anlam neydi? Bir türlü bulamıyordum.

Sıklıkla böyle şeyler yaşıyordum: İleriye gidemediğim vakalar olurdu. Bütün öğeler önümde olurdu ama anlamını bulamazdım. Hasta düzenli olarak seanslara gelirdi, gerekli her şeyi anlatır ve yapardı ama yine de gizli anlamı bazen ortaya çıkaramam. Bir analist için bu durum bir süre sonra can sıkıcı bir durum haline gelir. Sürekli geçmiş seansları düşünüp, hastamın sözlerinde ve davranışlarında gizli olan ve bana gerekli kapıyı açacak anahtarı arıyordum. Bir süre sonra da kendime kızıyordum: "Bu olamaz! Burada bir yerde olmalı!" diyordum kendi kendime. Ama hiçbir şey olmuyordu.

"Bu kadar aceleci olma Gabriel," demişti bir keresinde kendi analistim. "Bazı şeylerin anlamı, kendi kuyruğunu kovalayan köpek hikayesine benzer. Onu çılgın gibi kovaladıkça kuyruk da o hızla kaçacaktır. Buna karşın rahat ve acele etmeden davranırsan doğru yolda olursun. Ya da bir bilgenin söylediği gibi: Mesele umutsuzca aramak değil, sükunet içinde bulmaktır.

Uzun yıllardır süren mesleki tecrübelerime rağmen, sabırsızlığımı kontrol altında tutmak konusunda zorluk çekiyordum. Özellikle de aradığım şey yakında bir yerde olduğunda. Bu duygu bende kaçınılmaz bir güç uyandırıyor. Perdenin kalkmasına çok az kalıyor... Ve bu yine de beklemek anlamına geliyor, neticede anlamın ortaya çıkmamasının sebebi sıklıkla hastanın kendisi oluyor.

Bu özellikle Rodolfo'nun vakasında böyleydi, çünkü bilindiği üzere analiz konusunda tecrübeliydi. Bu her zaman bir avantaj değildir, çünkü her ne kadar ön bilgi bir hastanın işini kolaylaştırsa da sıklıkla analistin attığı adımları anlamasına ve savunma mekanizmasını harekete geçirmesine ve böylelikle kaydedilen gelişmeleri de baltalamasına sebep olur. Bir arkadaşım böyle bir vaka için 'sütten ağzı yanan, yoğurdu üfleyerek yer' deyimini kullanır.

Bir cumartesi sabahı, Rodolfo'nun tıbbi kayıtlarına baktığımı ve rahatsız edilmeden vaka üzerine düşüneceğim bir yer aradığımı, sonunda da yakınlardaki bir kafeye gittiğimi gayet net hatırlıyorum. Bazen böyle bir ortam bana çok yardımcı olur, çünkü vakanın sınırlarını genişletmek istediğimde, dikkatimi özgürce gündelik hayattaki normal insanlara ve seslere verir, kahvenin hoş acı tadıyla düşüncelerimi zenginleştiririm.

O halde her şeye yeni bir bakış açısıyla bakalım dedim kendi kendime: Nevrozlu hastaların yaptığı tipik davranış, her şeyi içgüdüsel olarak tekrarlamalarıdır. Ve bu vakada da net olarak iki adet yedi yıllık periyod vardı ve ikisi de bir kadınla sonlanıyordu. Şaşırarak o güne kadar gözümden kaçan başka bir kesişme noktası olduğunu fark ettim. Julieta da Rodolfo'nun hayatında iki yıl kalmıştı. Valeria iki yıl kalmıştı, çünkü ölmüştü. Buna karşın Julieta ise bu zaman diliminden sonra kendi isteğiyle Rodolfo'dan ayrılmıştı – ancak, bizzat Rodolfo da bunda payı olduğunu itiraf etmişti. Başka bir deyişle: Julieta'yla sadece iki yıl sürmesini bizzat kendisi sağlamıştı. Yani tam olarak tıpkı Valeria'yla olduğu gibi!

Peki şimdi sırada ne vardı? Yine yedi yıl mı ve nasıl bir yedi yıl?

Rodolfo'yu bir sonraki içgüdüsel tekrardan korumak için bir şey yapmalıydım. Ama nasıl? Bu sırrın çözümü neredeydi? O anda aklıma matematik okuduğum zamanlarda yaşadığım bir tecrübe geldi. Bir haftadır umutsuzca bir cebir problemi ile cebelleşiyordum. Bir gün ders esnasında profesör masamın yanına geldi.

"Çok üzgün görünüyorsun," dedi.

Başımla onayladım. "Günlerdir problemi çözmeye çalışıyorum ama çözüme ulaşamıyorum."

"Bakabilir miyim?"

Kağıdı aldı ve incelemeye başladı. Birkaç saniye sonra tebessüm ederek geri verdi.

"Bu şekilde bir çözüme ulaşamazsın."

Ona şaşkın gözlerle baktım.

"Neden?"

"Çünkü bilgi eksikliğin var. Matematikte gerekli minimum bilgilere sahip olmadan hesap yapamazsın. Ve sende biri eksik. Sahip olduğun bilgilerin bir listesini yap, o zaman başka neye ihtiyacın olduğunu göreceksin. Gördüğünde eksik bilgiyi bul. Ancak o zaman problemi çözebilirsin. Aksi takdirde boşuna çaba sarf edersin."

İki dünya ne kadar farklı görünse de matematiksel düşünceyle psikanaliz düşünce gerçekten birbirine çok benzer. Ve bu anımı hatırlayarak doğru izi bulmuştum: Bu bulmacayı, gerekli bilgileri bir araya getirmeden mi çözmeye çalışıyordum? Görünüşe göre öyleydi. Rodolfo isminin hiyeroglifini deşifre edecek gerekli elemente sahip olmadığım gayet netti. Ancak bu element neredeydi?

Öğlene kadar bunu düşündüm. Ve Rodolfo bir sonraki seansa geldiğinde ona soracağım soru hazırdı.

"Eğitim görmeye ne zaman başladınız?"

Bana şaşkın gözlerle baktı ve gülümsedi. "Gördüğüm kadarıyla hayat hikayeme başka bir perspektiften bakacaksınız," dedi esprili bir şekilde.

"Bu sorun olur mu?"

"Hayır. Sadece böyle bir şeyi hesaba katmamıştım."

Cevabı hoşuma gitmişti. Bir analist için, hastasının 'Bu soruyu bekliyordum!' demesinden daha kötü bir şey yoktu. Bu sadece gururunu incitmekle kalmaz, aynı zamanda hastasına yardım etmek adına doğru yolda olmadığını gösterir. Eğer bir analist bir noktaya işaret ediyorsa, bu hasta için şaşırtıcı ve yeni olmalı. Özellikle de Rodolfo gibi psikanalize aşina olan biri için. Bu sebeple cevabına sevinmiştim.

"Eğer sizin için bir mahsuru yoksa, sizinle hayatınızın o dönemiyle ilgili konuşmak isterim."

"Buyurun. Bu çok zaman önceydi, o zaman çocuktum. Lise eğitiminden sonra hemen üniversiteye devam ettim. Ailemin çok az parası vardı, okurken aynı zamanda da çalışmak zorunda kaldım. Onca çabaya rağmen eğitimimin başlangıcıyla birlikte önüme bambaşka bir dünya açılmıştı."

"Ne gibi?"

"Bakın, ben kökenimle gurur duyarım."

"Ama."

"Ama mühendislik okurken tanıdığım insanlar için bunun bir önemi yoktu. Başka şeylerle ilgileniyorlar, başka konular konuşuyorlar, başka türlü düşünüyorlardı."

"Bu yeni dünyaya uyum sağlamak kolay mıydı?"

"Hayır. Söylediğim gibi, hiçbir zaman çok arkadaşım olmadı ve hep içine kapanık biriydim. Ama üniversitede, benim çevreme uzak olan başka bir dünyayı daha yakından tanıdım."

"O halde bunun hakkında daha ayrıntılı konuşalım."

"Eğitimime oldukça zor bir dönemde başladım, 1978, yani askeri diktatörlük zamanı. Öğrencilere pek nazik davranılmıyordu. Bazı öğrenciler kötü tecrübeler edindiler. Ayrıca, hâlâ müzik okumaya çok hevesliydim."

"Anneniz karşı olmasına rağmen bunu yapmayı düşünmediniz mi?"

Gözlerini açtı ve güldü. "Annemde bir seçme şansınız yoktu, o emir verirdi."

"Ve siz de itaat ederdiniz."

"Her zaman."

Yüzü kederlendi.

"Ne düşünüyorsunuz?"

"Çok agresif olabiliyordu ve..."

"Ondan korkuyor muydunuz?"

Başıyla onayladı. Aynı anda hem yas hem de öfke hissettiğini ve annesiyle ilgili çelişkili duygulara sahip olduğundan vicdan azabı çektiğini fark ettim.

Eğitimiyle ilgili sorduğum soru, Rodolfo'yu on sekiz yaşında liseyi bitirdiği ve yeni bir dünyayı tanıdığı, o dünyayı kendi ailesiyle kıyasladığı bir zamana geri götürmüştü. Bu arada sıklıkla çatışma çıkıyordu ve Rodolfo da bunu hissediyordu. Ancak kendi durumuyla ilgili çatışma oldukça sertti.

Annesinin onun için bir yandan neredeyse insanüstü bir idol olması ama diğer yandan Rodolfo'yu her anlamda hor görmesi onda inanılmaz bir çelişki uyandırıyordu. Davranışları onu sürekli güvensizliğe itiyordu. Örneğin Rodolfo'nun babasına, onun eğitim masraflarını desteklemesi için baskı uyguluyor ama Rodolfo'yu bizzat teşvik edici ya ada övücü hiçbir şey yapmıyordu. Güçlü karakteri yüzünden sıklıkla agresif bir etki uyandırıyordu. Rodolfo, onun bu çelişkili davranışlarından ne kadar çok korktuğunu hâlâ gayet net anımsıyordu. Küçücük bir şeyle başlayan tartışmaların bir skandala dönüşmesinden korkuyordu, tıpkı piyano hocası Amelia'da olduğu gibi. Rodolfo, insanın kişiliğinin oluştuğu bir dönemde, mütevazı ilişkilerini sebat ve çabayla kuran bir aileyle ve yine aynı aile tarafından sindirilerek ve güçsüzleştirilerek büyümüştü. Eğitim hayatına dair masum bir soru, can sıkıcı ve çatışmalarla dolu bir konuyu masaya yatırmıştı: Rodolfo'nun annesiyle olan ilişkisini, aynı anda ona karşı ortaya çıkan nefreti, sevgisi ve hayranlığı ama aynı zamanda utancı. Ve tüm bunların kişiliğinin oluşumundaki kaçınılmaz etkisini.

Hayatının bu zaman dilimini sayısız seansta konuştuk. Bu arada Rodolfo, ayrılmış olmalarına rağmen arada bir Julieta'yla yatıyor ya da farklı yeni tanıdıklarıyla flört ediyordu. Sıklıkla da Valeria konusunu açıyordu. Her şey kafasının içinde karman çorman olmuş gibi görünüyordu. Yine de dönüp dolaşıp ödipal* sorununa geri dönmeye çalışıyordum.

"Tüm bunlar olurken babanız nasıl davranıyordu?"

"Babam bir korkaktı," dedi Rodolfo ve başını eğdi. "Ona ve kararlarına karşı gelmekten acizdi. Annem benim üstüme geldiğinde öylece seyrederdi. Hiçbir zaman karışmadı. En fazla, annem olmadığında zaman zaman beni teselli ederdi."

"Ne derdi?"

"Annenin nasıl olduğunu biliyorsun, derdi. Ancak onu eleştiriyor muydu, yoksa övüyor muydu hiçbir zaman anlayamadım. İnanılmaz."

Ona baktım.

"İnanılmaz olan ne?"

"Böyle bir kadının sonunun öyle olması."

Ona biraz zaman verdim, ardından bir sonraki soruyu sordum: "Ona ne oldu?"

---

* Ödipal, Oedipus kompleksiyle ilgili olan. (Çev. N.)

Kısa bir sessizlik. Anılarının derinliklerine inmişti ve bu olurken acı çekiyormuş gibi görünüyordu.

"Sonunda bir enkaza, harabeye döndü."

"Anlatın lütfen."

"Annem kendisiyle pek ilgilenmezdi. Genç bir kızken Polonya'dan gelmiş ve o andan itibaren mümkün olan tüm işlerde çalışmış. Dikişçi, aşçı, temizlikçi... Babam duvar ustasıydı, dolayısıyla sezonluk çalışırdı ve aralıklı olarak işsiz kalırdı. Bu yüzden evde yeterince yemek olup olmayacağı hep anneme bağlı olurdu. Bir yere temizliğe veya dikmek için birkaç pantolon almaya gittiğinde çocukken ona eşlik etmek zorunda kalıyordum." Kısa bir süre duraksadı. "Ama öyle zamanlar olurdu ki çok yiyip içerdi ve durmaksızın sigara kullanırdı, neredeyse hiç dinlenmezdi. Oldukça gergin ve sinirli olurdu."

"Bir başka deyişle, psikolojik olarak sürekli tahammülünün sınırındaydı."

"Fiziksel olarak da."

Başıyla onayladı.

"Bir keresinde eve geldiğimde..." diye devam etti, "... babam evdeydi. Ağlıyordu ve annemin bayıldığını söyledi, hastaneye kaldırılmıştı. Nesi olduğunu kimse bilmiyordu. Babam bu durumla benim ilgilenmemi bekliyordu. Kendisi bunu yapamayacak durumdaydı."

"Peki siz ne yaptınız?"

"Hastaneye gittim. Doktor, beyin kanaması geçirdiğini ve kısmen felç olduğunu söyledi. Ayrıntılara girmek istemiyorum ama çok ciddi bir durumdu. Başka bir deyişle, yaşayıp yaşamayacağı belli değildi."

"Atlatabildi mi?"

Bana baktı. "Ne yazık ki evet."

"Neden ne yazık ki?"

Başını salladı. "Çünkü sonuçları çok kötü oldu."

"Anlatın."

"Bir daha asla çalışamadı. Sadece yürüyebiliyordu ama birimiz ona yardım etmek zorunda kalıyorduk. Salyası akıyordu ve doğru dürüst yemek de yiyemiyordu. Konuşması da kötüydü, kimse ne dediğini anlamıyordu. Altına bile yapıyordu." Bu noktada sesi titremeye başladı. "Ama en kötüsü bunun farkındaydı."

"İsyan ediyor muydu."

"Hayır, hiç etmedi. Ama bazen onu temizlediğimde veya yemek yedirdiğimde bana bakardı ve gözleri dolardı. Zavallı. Onun kadar enerji dolu ve güçlü karakterli bir kadın için bu duruma düşmek korkunç olmalı."

"Sanırım sizin için de öyle."

"Evet. Hiçbir şeyi tek başına yapamayan bu kişide annemi görmek imkansızdı. Onurunu kaybetmişti," dedi. Onur kelimesi Rodolfo için önemliydi. İfadelerinde ikide bir o kelimeyi kullanıyordu. "Kulağa korkunç geldiğini biliyorum ama neyse ki bu duruma çok uzun süre katlanmak zorunda kalmadı.

Kalbim hızlı atmaya başlamıştı. Bir sonraki soruyu sormadan istemsizce duraksadım. Ama yine de sordum: "Ne kadar yaşadı?"

Bana baktı, içsel gerginliğimin farkında değildi. Sanki durumun tadını çıkarmak istercesine birkaç saniye bekledi. Sonunda, "Neredeyse iki yıl," diye cevap verdi.

Karşılığında hiçbir şey söylemedim. İçin için tam olarak bu cevabı beklemiştim.

Bu iki yıl Rodolfo için son derece zordu. Babasının eksik enerjisi sebebiyle 'evin efendisi' rolünü üstlendi. Tüm kararlar için ona danışılıyordu ve onun onayı olmadan hiçbir şey yapılmıyordu.

"Peki, bunu yaparken nasıl hissediyordunuz?"

"Kötü ama başka seçeneğim yoktu. Hem adaletsizlik olarak görüyordum, hem de gayet doğal geliyordu."

"Neden adaletsiz geliyordu?"

"Çünkü kimse bana bu rolü üstlenir misin diye sormadı. Aslında başka planlarım vardı ama ben karşı gelmeksizin kabul ettim, sorgulamadım ve ailemin beklentisini yerine getirebilmek için kendi arzularımdan vazgeçtim."

"Bunlar ne tür arzulardı?"

"Diplomayı aldıktan hemen sonra master yapacaktım. Seyahat etmek istiyor, bilgi dağarcığımı genişletmek istiyordum. Ama bunların hiçbiri olmadı."

Tek kelime etmeden onu dinledim, yine bir rüyasını gerçekleştirememişti. Belki de bu yüzden Julieta'yla yakınlaşma ihtiyacı hissetmişti, çünkü o bunları yapmıştı.

"Babam sorumluluk üstlenecek durumda değildi ve annem de artık çalışamıyordu, bakıma muhtaçtı ve ilaçlarının alınması, eve tüm bunlar için yeteri kadar para girmesi gerekiyordu..."

"Ve böylelikle siz de planlarınızdan vazgeçtiniz."

"Evet ama bu o kadar da kötü bir şey değildi. Neyse ki diplomamı hızla aldım ve elimde üniversiteden arkadaşlarımın birçoğunun telefon numarası vardı, onlardan özenle faydalandım…" Gülümsedi. "Ve mesleğimde başarılıydım, yükseldim ve hoş bir hayat yaşamamı sağlayan iyi bir pozisyona ulaştım. Bana başarılı olduğum duygusunu veriyordu."

Hiçbir şey söylemedim. Ama eğer kendini dinleyebilseydi, çok da ikna edici olmadığını fark ederdi. Ama öğretmenimin söylediği gibi: Mesele çaresizce aramak değil, sükunet içinde bulmaktır. Üstelik çok önemli yeni bir bilgi de edinmiştim. Yine de bir şey daha eksikti.

Yoğun bir şekilde bu konu üzerine çalışmaya devam ediyorduk, ta ki Rodolfo'nun dikkati güçlü bir şekilde günümüze odaklanana kadar: Hayatında yeni bir kadın vardı. Adı Anelia idi. Onu, ara sıra ziyaret ettiği Valeria'nın en iyi kız arkadaşı Lorena'nın evinde tanımıştı. Anelia yirmi beş yaşındaydı ve Lorena'nın kız kardeşiydi. Rodolfo onu çok çekici buluyordu.

"Seni tanıyorum," demişti Lorena'nın evinde ilk karşılaştıklarında.

"Öyle mi?"

"Evet, sen Valeria'nın erkek arkadaşıydın. Ben çok küçükken birkaç kez bize gelmiştin."

Valeria'nın erkek arkadaşı… Bu sözler Rodolfo'yu derinden etkilemişti.

"Anlıyor musunuz?" dedi.

"Neyi anlıyor muyum?"

"Ufaklığı ilk kez on beş yıl önce görmüştüm."

"Ama artık o kadar küçük değil. Zaman sadece sizin için ilerlemiyor. Bana ondan bahsedin."

Onu iyi yetişmiş, tatlı ve güzel bir 'kız' olarak tarif etti. Ek olarak aşırı kültürlüydü, bu Rodolfo için çok önemliydi. Onu o kadar çok etkilemişti ki farkına varmadan diğer kadınlarla çıkmayı bırakmıştı. Julieta ile ara sıra buluşmaları da sona ermişti.

Haftalarca e-posta ve mesaj yoluyla iletişim kurduktan sonra Anelia'yı aramaya karar vermişti. Kısa süre sonra ikisi de aralarında özel bir şey olduğunu anladılar. Ancak, Rodolfo öncelikle ciddi bir şey düşünmüyordu, bu sebeple kimseye tanıştıklarından bahsetmemişlerdi.

"Neredeyse genç bir kız olan bir kadınla yatağa girmek bana zor geliyor."

Rodolfo vicdan azabı çekiyordu. Hem aradaki yaş farkı yüzünden hem de Valeria ile olan bağı yüzünden. Ve onunla ilgili bir sürü güzel şey anlatmasına rağmen, aynı zamanda sürekli kötü şeyler söylemekten de vazgeçmiyordu.

"Aslında aptalın teki!"

"Neden böyle bir şey söylüyorsunuz?"

"Çünkü tam bir ana kuzusu. Ailesi tüm eğitim masraflarını karşılıyor, tek bir peso bile kazanmaya ihtiyaç duymuyor. Gerçekten onu bazen defetmek istiyorum!"

"Sanırım yine de bunu yapmamanızı gerektirecek sebepleriniz olmalı."

"Mutlaka ama bana sorarsanız ben de ne olduğunu bilmiyorum. Bazen sırf mazoşistlik olsun diye onunla birlikte olduğumu düşünüyorum."

Bu sözüne itibar etmedim.

Rodolfo zaman ilerledikçe genelde Anelia'ya kızıyordu. Onu ikide bir geçmişteki sevgilileriyle kıyaslıyor ve kız her seferinde kaybediyordu.

"Her şey gümüş tepside sunulmasına rağmen ve tüm gün sırt üstü yatsa da parası olan Julieta bile dünyayı gezmek ve kendini geliştirmek için çaba sarf etmişti. Buna karşın Anelia..."

"Ne olmuş Anelia'ya?" diye kestim sözünü. "Anladığım kadarıyla çok güzel ve çok çalışıyor. Ve tıpkı sizin gibi zengin bir aileden gelmiyor, ayrıca parlak bir eğitim hayatını başarıyla tamamlamak üzere. Öyle değil mi?"

"Evet."

"O halde, neden bu kadar öfkelendiğinizi anlamıyorum."

"Çünkü aptal," diye karşılık verdi ve benim söylediklerime değinmeden eleştirmeye devam etti.

En çarpıcı olanı, Anelia'ya şiddetle karşı olmasıydı. Hiçbir şekilde hak tanımıyordu, üstelik aşırı agresifleşiyordu. Annesinde nefret ettiği şey, birden onda baş göstermişti.

"Sizi anlamıyorum. Eğer Anelia'yla ilgili gerçekten böyle düşünüyorsanız, neden ilişkinizi bitirmiyorsunuz?"

Derin bir iç çekti.

"Çünkü ona aşık oldum."

Gülümsedim.

"Güzel ama aşık olmak tek başına yeterli değil."

Bana meraklı gözlerle baktı. "Ne demek istiyorsunuz?"

"Belki de aşka çok fazla anlam yüklüyoruzdur, sizce de öyle değil mi? Demek istediğim şu, bir matematikçinin dediği gibi: Aşk önemli ama bir ilişkinin iyi gitmesi için yeterli bir koşul değil. Aşk olmazsa sağlıklı olarak ilerlemesi mümkün değil, ancak aşk tek başına ilişkinin huzurlu ve mutlu devam edeceğinin garantisini de vermez."

"Yani daha fazlasına ihtiyacı var..."

"Elbette."

"Neler mesela?"

"Saygı, güvenirlik ve karşılıklı olarak sevgi dolu iletişim örneğin. Ama her şeyden önce, her iki taraf için birlikte yaşamak huzurlu olmalı ve bu sayede de yaşam sevinci güçlenmeli. İnanın bana, birbirlerine çok aşık olmayan çiftlerin, ilişkilerini birbirlerine deli gibi aşık olan, ancak büyük karakter farklılıkları yüzünden uyumlu bir ortak yaşam sürdüremeyen çiftlerden çok daha iyi yürüttüklerine sıklıkla şahit oldum.

"Bununla ne demek istediniz?"

"Anelia'ya aşık olsanız bile, eğer korkusuz bir ilişki kurmayı başaramazsanız bu hikaye yürümez!"

"Bana beni sevdiğini söylüyor ve bensiz yaşayamayacağını."

"Ne romantik!"

Güldü. "Benimle dalga mı geçiyorsunuz?"

"Evet Rodolfo, çünkü biriyle birlikte olmak, onsuz kalındığında yaşayamamak anlamına gelmiyor. Geçenlerde isteklerimiz ve ihtiyaçlarımızla ilgili konuşmuştuk, anımsıyor musunuz?"

"Evet."

"Güzel, orada cinsellikle ilgili söylediklerimiz aşk için de geçerli. Sağlıklı bir aşk ilişkisi, diğeri olmazsa yaşanamayacağı anlamına gelmez, bu hastalıklı bir durum olur. Sağlıklı bir aşk ilişkisinde insanlar birbirlerinin yanında olmak isterler, çünkü diğer insanla hayat, onsuzken olacağından çok daha dolu olur. Bu sebeple birbirinizi sevmeniz iyi ve güzel ama aynı zamanda sürekli Anelia'ya kızgın olursanız ve onu olduğu gibi kabul etmekte güçlük çekerseniz bu aşk hiçbir yere varamaz."

Tek kelime etmeden bana baktı, söylediğim şeyi tasdik edip etmediğini bilmiyordum. Duygularını belli etmiyordu. Ama düşündüğü kesinlikle belliydi.

Rodolfo ve Anelia'nın ilişkisi çok çabuk gelişti. Gün geçtikçe ilişkileri derinleşiyordu ve birbirlerini sevdikleri açıktı. Yine de Rodolfo durmaksızın Anelia'ya kızıyordu. Neden? Cevabını bir tülü bulamıyordum.

Birkaç hafta sonra bana gördüğü bir rüyadan bahsetti.

"Karanlık bir caddede yürüyorum. Sesler duyuyorum, bağırışlar garip hareketler algılıyorum. Yakınlaştığımda iki polisin bir adamla tartıştıklarını görüyorum. Polislerden birinin yüzünü göremiyorum. Adam ağlıyor ve yüzü olmayan polisin kolunda taşıdığı hayvanı geri vermelerini söylüyor. Polis hayır diyor, çünkü adamın hayvana bakamayacak durumda olduğunu düşünüyor. Adam ağlamaya devam ediyor, bir şans daha vermelerini istiyor ama polis, bunun için çok geç olduğunu söylüyor. Sonra polis beni görüyor ve bana 'Buraya gelin, bir şahide ihtiyacım var' diyor. Ben istemiyorum ama polis buna mecbur olduğumu, kanunun emrettiği şeyleri herkesin yapması gerektiğini söylüyor. O anda çok korkuyorum."

Kısa bir ara veriyor.

"Daha fazlasını anımsamıyorum."

Sessizlik.

"Rüya analizinin nasıl çalıştığını biliyorsunuz, öyle değil mi? O halde başlayalım.»

Kısa bir an düşündü.

"Tamam, hangi cadde olduğunu söyleyemem ama bir filmde ya da bir belgeselde görmüş olabilirim."

"Hangisinde olduğunu biliyor musunuz?"

"Hayır ama sanırım bir İtalyan filmiydi. Venedik'te geçiyor olabilir, su sesi duyduğumu anımsıyorum."

"Güzel. Başka?"

"Bağırışlar ve hareketler bana, bizzat yaşadığım bir tartışmayı anımsatıyor. Oldukça hararetli bir tartışmayı."

"Rüyanın içindeki tartışma neyle ilgiliydi?"

"Hayvanla, bir ev hayvanı."

"Ne tür bir ev hayvanı?"

"Bilmiyorum ama.."

"Ama."

"Vahşi bir kedi sanırım. Evet bir kedi."

Düşündü.

"Normal bir kedi, özel bir cins değil. Küçük ve aslında vahşi kedi değil, normal bir kedi."

Sesinden, onu çok etkileyen bir şey düşündüğünü fark ettim. Ancak, sonra görünüşe göre düşünce akışını durduruyor ve susuyor. Bu huyunu artık biliyordum: Derinlerde bir yerde onu üzen bir anı ortaya çıkmak istediğinde hep aynı şey oluyordu. Şu anda da var gücüyle onunla mücadele ediyor gibi görünüyordu. Bu da bunun önemli bir şey olduğunun ipucuydu. Bu anının ortaya çıkmasına izin vermesi için ona yardımcı olmam lazım.

"Peki, bu kediyi düşündüğünüzde aklınıza ne geliyor?"

"Bilmem, benim hiç kedim olmadı."

Hiç kedim olmadı. Son cümlesini düşündüm. Sonra diğer

soruyu sordum. “Hiç kedim olmadı diyorsunuz. Peki kimin vardı?”

Düşündü. Ve görünüşe göre yine düşüncelerine karşı mücadele veriyordu. Sonra konuşmaya niyetlendi ama tekrar sustu. Uzun bir sessizlikten sonra bana baktı.

“İnanamıyorum.”

“Ne oldu?”

“Lucia’nın kedisi vardı.”

“Lucia kim?” diye sordum sakince.

“Lucia ilk kız arkadaşım...” dedi ve sonra düzeltti. “Lucia ilk kız arkadaşımdı.”

“Bana ondan bahsedin.”

İç çekti. Hikaye çok eski olmalıydı, hayatının o bölümüyle bağlantı kurabilmek için biraz zamana ihtiyaç duydu. “Aynı bölgede oturuyorduk ve ailelerimiz arkadaştı. Onunla çıkmaya başladığımda lise dördüncü sınıfa gidiyordum. Ben 16 yaşındaydım, o benden bir yaş küçüktü. Çok güzeldi.”

Demek ki rüya Lucia ile ilgili anılarını uyandırmıştı. Başka neler söyleyecekti çok merak ediyordum.

“Karanlık bir cadde, gürültüler, garip hareketler, suyun sesi ve üstüne Lucia, bunlar size bir şey ifade ediyor mu?”

Uzun bir sessizlik oldu. Rodolfo beş dakika kadar tek kelime etmemişti. Kımıldamadan öylece durmuş, bana bir kez bile bakmamıştı. Buna karşın nefes alış verişi hızlanmıştı. Bir süre sonra bakışlarını kaldırdı, çok huzursuz görünüyordu.

“Bu konuyu daha önce kimseyle konuşmadım.”

Bu cümleyi ilk kez duymuyordum. Ancak, söylemek için yanıp tutuşuyormuş gibi bir hali vardı.

“Sizi dinliyorum.”

Buna rağmen biraz bekledi.

"Lucia'yı çok sevmiştim. Masumane bir sevgiydi tabii ki ama ona hissettiklerimi bir daha hiç kimseye hissetmedim. O kadar güzeldi ki ona baktığımda benim yanımda olduğuna inanamıyordum. Her gün görüşüyorduk, akşamüstleri geziyorduk. Çok güzeldi, çok gülerdik. Geleceği hayal ederdik, muhteşem bir zamandı."

"Peki, sonra ne oldu?"

Derin bir nefes aldı. "Normalde nehre doğru giden bir yoldan yürürdük ('Karanlık bir yoldan yürüyorum', 'Su sesi duyduğumu hatırlıyorum'). Kıyıda oturup sohbet ederdik. Oraya her şeyden önce yalnız kalmak için giderdik. Bilirsiniz işte, burada rahatsız olmadan sarılabiliyor, öpüşebiliyorduk. Ama hiç yatmadık. O zamanlar bir kızla yatmak kolay değildi. (Anelia'yı da genç kız olarak görüyordu) İnsanın biraz sabırlı olması gerekiyordu. Ben sabırlıydım. O noktaya geldiğimizde biz iki yıldır birlikteydik."

İki yıl! Bunu söylediğinde dikkat kesildim. Ama şimdilik konuya girmedim.

"O zaman ne oldu?"

"İlkbahardı. Nehir kenarında oturuyorduk ve hava kararmıştı, hiçbir şey görülmüyordu. Öpüşüyorduk, birbirimize dokunuyorduk ve o an bir şey söyledim..." Kısa bir ara verdi. "Onu çıplak görmek istediğimi. Bir şey yapmayacağımı ama görmeyi çok istediğimi, birbirimize çırılçıplak sarılabileceğimizi söyledim."

Birden gergin ve kızgın göründü. Yumruklarını sıktı ve alnında ter damlacıkları oluştu. Sonunda hafifçe öksürdü ve konuşmaya devam etti.

"Çok gençti ve beni çok seviyordu."

Kız sanki kötü bir şey yapmış gibi onu haklı çıkarmaya çalışıyordu.

"Biraz sürdü ama sonra onu ikna ettim. Önce bluzunu çıkardım ve gözlerimi beyaz sutyenine diktim. Bulutların üstünde gibiydim. Beceriksiz hareketlerle kopçasını açtım ve çıkardım. Bakışlarını yere eğdi, ben de onun olağanüstü güzellikteki küçük memelerine baktım. Ona sıkıca sarıldım. Bana, 'Korkuyorum!' dedi. (Tıpkı yıllar sonra ölüm döşeğindeki Valeria'nın söylediği gibi) Ben de ona endişelenmemesi gerektiğini söyledim. Sonra pantolon düğmelerini çözdüm. Önce onu aşağıya sıyırmak zor oldu ama dizden sonrası kolaydı. Elimi külotunun içine sokup onu okşadığımı ve onun da irkildiğini hatırlıyorum."

Kısa bir ara verdi.

"Bu, hayatımın en güzel anıydı."

Yine ara verdi.

"Ve hayatta her zaman olduğu gibi, mutluluğum kısa sürmüştü."

Bu cümlede nefesimi tutmam gerekti. Şu anda bölmemeliydi.

"Ne oldu Rodolfo?"

"İkimiz de çok heyecanlanmıştık ve birbirimize hiç olmadığımız kadar yakın hissediyorduk. O anda sesler ve yaklaşan adımlar duymaya başladık ('Gürültüler duyuyorum, bağırışlar, tuhaf hareketler algılıyorum). Donakalmıştık ve ne yapacağımızı bilmiyorduk. Birden bir el feneri ışığı aydınlandı. Karşımızda iki kişi duruyordu, annem ve göremediğim biri, çünkü el fenerinin ışığı gözümü alıyordu. Sonradan öğrendiğime göre Lucia'nın babasıydı ('Yaklaştığımda bir adamla tartışan iki polis görüyorum. Polislerden birinin yüzünü göremiyorum').

Sessizlik.

"Ölmeyi tercih ederdim. Çıplak yerlerini örtmek için Lucia'ya sarıldım ama her şey için çok geçti. Titremeye başladı. 'Giyin' dedi babası, o da itaat etti. Bir şey söylemek istiyordum ama annem uzak durmamı söyledi.

Rodolfo yine sustu ve anılarının içinde kayboldu. Ona bu molayı verdim.

"Zavallı öyle şok olmuştu ki ağlayamıyordu bile. Babası onu kolundan tuttu ama kaba değildi, sanırım utanç duyuyordu, gerçekten kızgın değildi. Birlikte gidiyorlardı ki ona doğru gittim ve hiçbir şey olmadığına dair yemin edebileceğimi, onu sevdiğimi, onunla evlenmeye hazır olduğumu, bizi ayırmamasını söyledim ('Adama ağlıyor ve yüzü olmayan polisin kolunda taşıdığı hayvanı geri vermelerini söylüyor). Ama Lucia'nın babası sadece bir daha onu görmemi istemediğini söyledi. O anda da kızgın gibi görünmüyordu, daha çok üzgündü. Bir şeyler söyleyecektim ama annem araya girdi ve adama sakin olmasını, buna bir daha izin vermeyeceğini söyledi. Anneme bana yardım etmesi için yalvardım ama..."

"Ne yaptı?"

"Benim gibi sümüklü bir veledin böyle bir anda söyleyecek hiçbir şeyi olmadığını ve bunun altını çizmek için de suratıma tokat attı ('Polis hayır diyor, çünkü adamın hayvana bakamayacak durumda olduğunu düşünüyor. Adam ağlamaya devam ediyor, bir şans daha vermelerini istiyor ama polis, bunun için çok geç olduğunu söylüyor').

Rodolfo yine sessizliğe gömüldü ama bu kez uzun süre. Gözyaşları yüzünden aşağıya süzülüyordu, bunlar haksızlık karşısında dökülen gözyaşlarıydı.

"Peki, annenizle baş başa kaldığınızda ne oldu?"

"Yol boyunca hiçbir şey söylemedi. Eve geldiğimizde, benimle birlikte odaya geldi ve olanları kimseye, hatta babama bile anlatmayacağımızı söyledi. Bu, aramızda kalacaktı. Ama bir daha Lucia'ya yaklaşmayacaktım. Bana böyle bir yasak koyamayacağını söyledim, o da söylediklerini yapmak zorunda olduğumu, çünkü annem olduğunu ve eğer sözünü dinlemezsem sonucunun kötü olacağını söyledi ('Ben istemiyorum ama polis buna mecbur olduğumu, kanunun emrettiği şeyleri herkesin yapması gerektiğini söylüyor'). Delirmiştim. Lucia'nın ne kadar kötü hissediyor olabileceğini düşündüm. Mutlaka ona gitmek istiyordum. Bunu anneme de söyledim."

"O ne cevap verdi?"

Rodolfo hıçkırıklara boğuldu. "Lucia'yı rahat bırakmamamı, ona yeterince kötülük yaptığımı, Lucia'nın hayatını mahvettiğimi söyledi. Ailesi bundan sonra ona orospu gözüyle bakacaktı ve bu benim suçumdu. 'Dokunduğun her şeyi berbat ediyorsun, çünkü onurun ne anlama geldiğini bilmiyorsun' dedi ve odadan çıktı."

Uzun bir sessizlik.

"Bir hafta sonra, bu konuyu konuşmak için bir arkadaşımızın evinde buluştuk. Birbirimize sarıldık ve ağladık. Ona benimle gelmesini söyledim, kaçacaktık." Gülümsedi. "Biliyorum kulağa saçma geliyor ama unutmayın ki biz o zaman 17-18 yaşlarındaydık."

"Lucia ne dedi?" diye sordum.

"Hayır dedi. Cesareti yoktu ve ailesinden uzaklaşmak istemiyordu. 'Korkunçtu, babam tek kelime etmedi, hiçbir şey! Zavallı perişandı ve hayal kırıklığına uğramıştı. Ona böyle bir şey yapamam' dedi. Sonra bana baktı ve 'Yemin ederim bir daha kimseyi seni sevdiğim kadar sevmeyeceğim ve seni hiç unutmayacağım. Ama birbirimizi bir daha görmeyelim' dedi. Kederimle ne yapacağımı bilmiyordum ama yine de haklı olduğunu biliyordum. Ona var gücümle sarıldım ve sonsuza dek benim kadınım olacağını, hayatımda başka kadın olmayacağını söyledim... aptalca, öyle değil mi?"

Ona ciddi bir ifadeyle baktım. Bu söz kesinlikle aptalca değildi. Aksine, Rodolfo bunca yıldır sözünü tutmuştu.

Bu tarz yoğun seanslardan sonra, elimize geçen parçalarla aynayı tekrar oluşturmadan önce, olanları sindirmek için hastamın genelde bir molaya ihtiyacı olur. Ancak, Rodolfo vakasında moladan vazgeçmiştik. Bunun yerine hemen ilk buluşmamızda aynı enerjiyle devam ettik.

"Sanırım üzerinde çalıştığımız en son şeyin şu anki durumunuzla alakası var. Lütfen bana aradaki bağlantıyı bulmam konusunda yardımcı olun."

Bir hastanın hikayesini soyut, soğuk ve analitik bir şekilde ortaya koymak sorun yaratabilir. Yine de davranışının altında yatan mantığı anlamaya hakkı vardır. Bu her zaman ve her vakada olmaz, ancak Rodolfo'da böyleydi, bu yüzden de ondan bu açıklamayı esirgeyemezdim.

"Evet, bakalım buna ne diyeceksiniz: Lucia'yla olan ilişkinizden bu yana hayatınızı, her biri dokuz yıl süren periyodlara ayırabiliriz. Bu periyodlar da iki ve yedi olmak üzere ikiye ayrılıyor."

Meraklı gözlerle baktı, görünüşe göre bana tüm dikkatini vermeye çalışıyordu, ben de bu yüzden ona mümkün olduğunca net olmaya çabaladım.

"İlk periyod on altı yaşınızla yirmi beş yaş aralığınızdı. O dönem ne oldu?"

"Lucia'yla tanıştım."

"Evet. Ve onunla iki yıl sevgili oldunuz. Ta ki o travmatik olaya kadar."

"Beklenmedik o olayı yaşadığımız ve sonunda ayrılmak zorunda kaldığımız o gün."

"Evet ve hayır."

Bana baktı.

"Bunu açıklar mısınız?"

"Beklenmedik durum olduğu ve ayrılmak zorunda kaldığınız doğru. Ama ayrılık meselesi biraz farklıydı, çünkü neticede Lucia'ya gittiniz ve ona sizinle kaçmasını veya ilişkinizi gizlice sürdürmeyi teklif ettiniz. Yani daha net söylemek gerekirse siz aileleriniz yüzünden değil, Lucia ilişkiyi sürdüremeyeceği için ayrıldınız."

Düşündü.

"Hiç böyle düşünmemiştim."

Kısa bir sessizlik.

"Uzun zaman önce bir defasında Valeria hakkında söylediğiniz bir şey hiç aklımdan çıkmadı."

"Neydi o?"

"Bana 'Valeria kendisi için mücadele eden biriydi' demiştiniz. Ben de size 'Peki, mücadele etmeyen kim?' diye sordum. O zaman Julieta'yı veya arkadaşınız Sergio'yu kastettiğinizi düşündüm ama şimdi bunun doğru olmadığını düşünüyorum."

"Lucia'yı kastetmiştim."

Başımla onayladım. "Peki şimdilik devam edelim. Lucia ile ilişkiniz bittikten sonra ne oldu?"

Bana çaresiz gözlerle baktı.

"Neredeyse yedi yıl boyunca hiçbir kadınla ilişki yaşamadınız. Bunun yerine tüm enerjinizi eğitiminize verdiniz. Psikologlar bu mekanizmaya ne diyor biliyor musunuz?"

"Hayır."

"Yüceltme, süblimasyon. Psikolojide bu, insanın cinsel enerjisini başka bir şeye, daha yapıcı, kültüre ait bir şeye yöneltmesidir. Sizin durumunuzda bu, eğitim olmuş. Beni anlıyorsunuz değil mi?"

"Kesinlikle."

"Bu, yirmi beş yaşınıza gelene kadar böyleydi. Sonra ne oldu?"

"Annem hastalandı."

"Evet. Anneniz felç oldu ve o andan itibaren kendisine bakamayacak duruma geldi. Böylelikle o gururlu, kudretli, size 18 yaşında Lucia'yı sevmenizi yasaklayan ve deyim yerindeyse kanunun bedenlenmiş hali olan kişi yok olmuştu. Geride sadece, güçsüz, yardıma muhtaç, tamamen size bağımlı bir varlık ve cesaretsizlik içinde evin reisi olarak sizi tayin eden babanız kalmıştı."

"Ben de bunu kabul ettim."

"Evet ve bununla birlikte büyük bir hayalden vazgeçtiniz, tıpkı Lucia gibi. Bu kez hayaliniz master yapmak ve dünyayı tanımak için seyahat etmekti. 2 yıl sonra anneniz öldü."

"Aslında tam olarak iki yıl değildi."

Gülümsedim.

"Bu, psikolojinin bir sorunudur: Kesinliği olan bir bilim değildir, bazen fiziksel zamanı ve gerçek zamanı eşitler. Ama yine de bu dokuz yıllık periyodlar kesinlikle doğru."

Şimdi o da güldü.

"Biliyorum. Sadece, biraz gerginliğimi azaltmak için espri yaptım."

"Anlıyorum." Ona baktım, sanırım merakla nasıl devam edeceğini merak ediyordu. "Annenizin ölümünden sonra ne oldu?"

"Benim çılgın yıllarım. Birçok kadınla birlikte olduğum o zaman dilimi."

"Ve biliyor musunuz, aslında hepsiyle birlikte olmak, hiçbiriyle olmamak demek. Bu şu anlama geliyor, bunca zaman boyunca yalnız kalmaya ve Lucia'ya verdiğiniz sözü, yani bir daha asla bir kadınla birlikte olmayacağınıza dair verdiğiniz sözü tuttunuz."

"Ama Valeria ortaya çıktığında bu sona erdi."

"Tam olarak öyle olmadı."

"Anlamadım. Ne de olsa onunla gerçek bir aşk ilişkisi yaşadık."

Ona baktım.

"Birlikte olduğunuz bu birbirinden farklı gibi görünen kadınların, nasıl bir ortak noktaları olabileceğini uzun zamandır düşünüyoruz."

"Elbette, ben aylardır bunu düşünüyorum."

"Güzel, sanırım artık bunu biliyoruz." Bana şaşkın gözlerle baktı. "Tüm bu kadınların ortak noktası, hiçbiriyle uzun süreli bir ilişki yaşayamayacağınızdı. Ya yeterince beğenmiyordunuz veya aileleri sıkıcı ve ukalaydı ya da onları entelektüel bulmuyordunuz. Her ne olursa olsun hiçbiri sizin kadınınız olamazdı."

"Valeria hariç," diye karşılık verdi.

"Valeria hepsinin aksine sizin şemanıza tam olarak uyuyordu. Bu yüzden, kendinize ona iliklerinize kadar aşık olma iznini verdiniz. Valeria vakasında sözünü tutamamanız gibi bir ihtimal yoktu: Çünkü Valeria ölümcül hastaydı!"

Görünüşe göre sözlerim onu etkilemişti, hatta kırmıştı.

"Bana, ona sırf ölümcül hasta olduğu için aşık olduğumu mu söylemeye çalışıyorsunuz?"

Bu zor bir soruydu, Valeria'ya olan aşkının gerçek olup olmadığını öğrenmek istiyordu ve elbette bunun kararını ben veremezdim.

"Hayır, kendinize Valeria'ya aşık olma izni verdiğinizi söylüyorum, çünkü ilişkinin bir geleceği yoktu. Onu gerçekten sevip sevmediğinizi siz biliyorsunuz. Ama bir şey kesin: Valeria size onun yanında olmanız, sevgilisi olmanız ve onu korumanız için izin verdi. Buna karşın Lucia buna izin vermedi. Ve sanırım sizin, ilgilenebileceğiniz, anneniz olmayan bir kadına ihtiyacınız vardı."

Bir süre düşündü.

"Sanırım ben Valeria'yı gerçekten sevdim."

"Ben de öyle olduğunu düşünüyorum," dedim içten bir şekilde. "Evet, hatta bu aşkın size, annenizin yıllar önce

Lucia ile ilgili söylediklerinden sonra, sizden aldığı bir şeyi geri verdiğini düşünüyorum."

Bana şaşkın gözlerle baktı.

"Neymiş o?"

"Onurunuzu."

Son sözlerim onu derinden etkilemişti ve sindirebilmesi için ona biraz zaman verdim.

"Evet, bu doğru," dedi ağlayarak. "Onun sayesinde bir erkek olarak onurumu geri kazandım. Ve belki de olanlara rağmen mutluydum."

Onu tasdik eden bir el hareketi yaptım. Sonra: "Ama iki yıl sonra yine travmatik bir şey oldu. Valeria öldü."

"Evet. Sonra yine kadınlardan uzaklaştım. Yine bir çeşit 'yüceltme'."

"Sanırım evet. Başka şeylere yöneldiniz, duygusal düzlem ve maddi düzlem. İlk olarak Valeria sayesinde tanıştığınız arkadaşlarınız için, 'hayatımdaki en önemli insanlar' demiştiniz bana bir seferinde. İkinci olarak da işiniz. Bu zaman diliminde mesleki açıdan büyük gelişmeler kaydettiniz. Tüm enerjinizi kariyerinize yönelttiniz ve başarılı da oldunuz."

"Ve yedi yıl sonra ortaya, iki yıldır birlikte olduğum ve sürekli tartıştığım Julieta çıkıyor. İnanılmaz, ne kadar da otomatik çalışıyor, adeta bir kukla gibiyim."

Gülümsedim.

"Birçok insan, hayatlarını bir şekilde etkileyen bu psikolojik süreci yaşar. Ama birçoğu bu mekanizmadan kurtulmak adına herhangi bir hesap yapmaz."

Rodolfo bir süre düşündü.

"Ve Julieta'yla olan ilişkimde de bir şekilde onun beni terk etmesini sağladım. Kaderime sadık kalabilmek için."

"Sanırım evet. Yine de ondan önce Julieta'yı reddetmeye başladınız."

"Doğru. Ama hâlâ nedenini bilmiyorum."

"Sanırım iki neden yüzünden."

"Hangi nedenler?"

"Öncelikle, önemsiz şeylere çok fazla değer veren bir duyarlılığa sahip olduğu için."

"Bu doğru."

"Evet ama siz de yerine getiremediğiniz arzularınız konusunda Julieta'nın size önemli bir ayna olduğunu düşünmüyor musunuz?"

"Söylemek istediğiniz şey ne?"

"Çalışmamızın en başında size, insanın bir şeye öfkelenmesinin altında yatan sebebin sıklıkla meselenin kişinin bizzat kendisiyle alakalı olduğunu söylemiştim, hatırladınız mı?"

"Evet."

"Güzel, sanırım Julieta sözde o kadar yüzeysel biri olmasına rağmen, ulaştıklarıyla birçok yeteneğinize ve zekanıza rağmen size, sizin elde edemediklerinize sahip. Sizce de öyle değil mi? Tüm koşullara sahipsiniz ama buna rağmen başaramadınız. Tıpkı Sergio gibi. Buna karşın Julieta başardı."

Hiçbir şey söylemedi. Görünüşe göre sözlerimi sindirmeye çalışıyordu. Şimdi kafasındaki her şey netleşmişti. Sıklıkla böyle olur: Bulmacanın parçaları bir araya gelmeye başladığında, birden her şey çocuk oyuncağıymış gibi görünür ama bu bir yanılgıdır. Normalde bu noktada uzun bir ön çalışma gerekir.

"Ayrıca, sanırım Julieta'ya bu yüzden kızgındınız. Çünkü bu yüzden yine onurunuz elinizden alınacakmış gibi hissediyordunuz."

Yine suskun kaldı. Yüzüne önce öfke, sonra yas yayıldı.

"Doğru. Olmadığım biri gibi olmaya çalıştım ve bu yüzden kendi onurumu bizzat yerle bir ettim."

O anda muayenehaneme ilk geldiğinde ne kadar özensiz giyindiğini anımsadım. Büyük bir olasılıkla bu şekilde, kendi hayatını Julieta'nın ailesinin zengin hayatından ayrı tutmaya çalışıyordu, bu davranışı kendi kimliğini inkar etmesine sebep olmuştu. O anda fark etmiştim ki bu durum uzun zaman önce değişmişti. Biz analistler, açık ve net olarak görünen bazı şeyleri fark etmek için zaman zaman belli sürelere ihtiyaç duyarız.

"Nedense garip hissediyorum," dedi bir süre sustuktan sonra.

"Ne gibi?"

"Mutlu, kızgın, üzgün, korkulu ve umutlu... Hepsini aynı anda hissediyorum. Acaba delirmeye doğru mu gidiyorum?" dedi kendi söylediğine gülümseyerek.

"Hayır," diye karşılık verdim gülerek. "İnsan istediği zaman delirmiyor, sadece delirecek duruma gelebildiğinde deliriyor. Ve siz zihinsel yapınız sebebiyle deliremezsiniz."

"Bu ne demek?"

"Hissettiğiniz bu duyguların hepsinin bir mantığı ve kendine göre haklı yanları olduğunu düşünün ve kabul edin demek. Üzgün olmak için nedenleriniz ve mutlu olmak için nedenleriniz var. Ve kederiniz için olduğu kadar umutlarınız için de sebepleriniz var."

"Bu konuda haklısınız."

Yine uzun süre sustu. Seansı bitirmek üzereydim ki bana birden: "Bir sorum daha var," dedi.

"Dinliyorum."

"Mekanizma bu kez devam etmiyor gibi görünüyor. Ne kadınlarla iletişimimi kestim ne de Don Juan'cılık oynuyorum."

"Aynen öyle."

"Bu sefer neyi farklı yaptım."

"Yardım aradınız."

Düşündü.

"Doğru. Ancak, daha önce de analizlere gitmiştim. Ama eğer dikkatli düşünürsem her seferinde özel bir periyodumun ortasına denk geliyor, asla geçiş dönemine denk gelmiyordu. Belki bu büyük bir rol oynamıştır."

"Olabilir."

"Peki Anelia?"

"Anelia'ya ne olmuş?"

"O bu şemanın neresinde?"

Bir an düşündüm. Buna cevap verip vermemem gerektiğini bilmiyordum. Sonunda cevap verdim. "Sanırım Anelia konusunun iki önemli aşk ilişkinizle ilgisi var. Bir yandan o çok güzel ve henüz çok genç, tıpkı Lucia gibi. Diğer yandan Valeria ile yakın bir ilişki içinde. Ne dersiniz?"

Kısa bir sessizlik.

"Bu, yine sağlıksız bir karar verdiğim anlamına mı geliyor? Anelia'yı gerçekten sevemez miyim?"

"Hayır, bu Anelia ile ya da Anelia'sız sürekli aynı hikayeyi yaşayıp yaşamayacağınıza dair bir seçim yapabileceğiniz anlamına geliyor. Her ne yaparsanız yapın karar tamamen size ait."

Bu seanstan sonra Rodolfo'nun kayıp tecrübeleri üstünde çalıştık: Masumiyetini kaybetmesi, sevme özgürlüğünü kaybetmesi, Valeria'yı kaybetmesi, onurunu kaybetmesi, master yapabilme imkanını kaybetmesi vs. Ayrıca annesiyle yaşadığı sevgi-nefret ilişkisini yoğun olarak irdeledik. Bu anılarla barışmak onun için çok önemliydi ve sonunda başardı.

Bu vesileyle eğitim konusuna tekrar değindik. Rodolfo, doktora yapmanın kendisine özel bir isim kazandıracağı sonucuna varmıştı. Bu da bundan sonra sadece ebeveynlerinin oğlu olarak kalmayacağı, aksine bizzat baba olabilme fırsatını yakalayabileceği anlamına geliyordu.

Anelia'yla olan ilişkisini, onunla bir kez bile yatmadan bitirmişti. Ona neden bu kadar kızdığını ortaya çıkarabilmek için çok çalıştı ve sonunda şu sonuca vardı: Anelia onun hayatına girebilecek bir kadını temsil ediyordu – annesinin yasaklamayacağı tek kadındı, ölmek üzere olmayan tek kadındı ve onurunu kaybetmeden bir çift olabilme imkanını sunan tek kadındı. Yani gelecek vadeden tek ilişkiydi. Ya da başka bir deyişle, baştan başarısızlığa mahkum olmayan tek ilişki. Ve bu yüzden de Lucia'ya yıllar önce verdiği sözü bozabilme imkanı sunan tek ilişkiydi. Tüm bunlara rağmen, Anelia ile olan bu ilişkisi, Valeria ile güçlü bağlara sahipti. Bu yüzden devam etmeme kararı aldı. O zamandan beri yalnız yaşıyor ama rahat ve mutlu, günün birinde bir aile kurma hayalleri kuruyor.

Bir ay önce seansları bitirmeyi istediğini bildirdi. Biz de

bitirdik. Kendisiyle hayatının bir uyum içinde olduğunu hissediyordu ve artık benimle çalışmak istemiyordu.

Benim için bazı sorular, bugüne kadar çalışamadığımız için cevapsız kalmıştı. Örneğin, biyografik periyodlarının döngüsünün daha erken dönemlerde başladığına ikna olmuştum. Örneğin, yedi yıl boyunca piyano dersleri almış ve ardından iki yıl konservatuara gitmişti. Annesinin piyano öğretmeniyle yaptığı tartışma ve Lucia'yla ilişkisi arasında iki yıl geçmişti. Bundan yola çıkarak, acaba çocukluk döneminde önemli bir şey olmuş muydu diye sorguladım. Mesela iki yaşında veya yedi yaşında. Periyodik olarak tekrarlanan bu acı verici tecrübeleri tetikleyen ne olabilirdi? Tüm analiz boyunca mümkün olduğu kadar hatıralarından uzak tuttuğu babasının bu işte bir parmağı olabilir miydi?

Ayrıca, eğer Rodolfo izin vermiş olsaydı bir şekilde içindeki müzisyeni tekrar uyandırmayı başarmak, gerçek bunu kısıtlamış olsa bile, hayatının belki de en büyük arzusuna yer açabilmesi ne güzel olurdu. Ama olmadı. Piyano hâlâ unutulmuş bir halde yemek odasında duruyordu. Belki de hâlâ onu bekliyordur. Tıpkı baba olmak için aile kurmayı hayal etmesi gibi. Her ne ise, tüm bunlar benim umutlarımdı – ve Rodfolfo'nun hayatıyla ilgili bizzat karar vermesi en büyük hakkıydı.

CİNSELLİK, GENÇLİK, YAS

Rocio'nun hikayesi

Okul öğlen bitmiş olmasına rağmen, akşamüstü muayenehaneye geldiğinde Rocio'nun üstünde hâlâ okul üniforması vardı. Zamanla bu görüntüsüne alışmalıydım, çünkü bana neredeyse her geldiğinde üstünde bu kıyafet vardı. Ama itiraf etmek gerekirse ilk geldiğinde alışık olmadığım görüntüsünden rahatsızlık duymuştum.

"Sizi birkaç kez radyoda dinledim," dedi başlarken. "Süperdiniz. Ama annem sizi bulduğunda, o kadar da süper olmadınız..."

Muayenehaneme ilk geldiğinde kendisini bu şekilde tanıtmıştı –sert, agresif, mücadeleye hazır.

On altı yaşında bir kız için ne uzundu ne kısa, çok güzeldi, koyu tenliydi ve delici bakışları vardı. Bana gelmesi için onu zorlamalarına ne kadar sinirlendiğini açık bir şekilde hissettirdi.

"Burada olmaktan rahatsız mısınız?"

"Biraz."

"Bana anlatmak istediğiniz bir şey var mı?"

"Hayır."

İlişkimizin iyi başlamadığı açıktı.

"Öfkeli misiniz, yoksa bana mı öyle geliyor?"

"Bunu anlamak için psikolog olmaya gerek yok..."

Bu şekilde ilerlememiz mümkün değildi. Bu reddedici tavrından kurtulması için müdahale etmem gerekiyordu. Bu riskliydi, her şeyden önce karşımda bir ergen olduğu için. Ayrıca bu bizim ilk karşılaşmamızdı. Ama başka seçeneğim yoktu. Bu şekilde devam edemezdik. Ayağa kalktım.

"Peki o halde. Biliyor musunuz, en iyisi vazgeçelim."

Bana şaşkın gözlerle baktı.

"Nasıl? Bitti mi?"

"Evet, bitti."

"Anlamıyorum."

"Anlaması zor değil. Gördüğüm kadarıyla benimle sohbet etmek istemiyorsunuz ve ben de kesinlikle zaman kaybetmek istemiyorum. Ayrıca ilginizi çekmeyen bir şey için sizi zorlamayı hiç istemem. Bilmediğim bir nedenle burada olmaktan hoşnut değilsiniz ve bana saldırgan davranıyorsunuz. Ve bunun ne size ne de bana faydası var. O halde zaman kaybetmeyelim, anlaştık mı?"

Tereddüt etti.

"Ama annem buraya gelmek zorunda olduğumu söyledi," dedi. Birden sesi kulağa çocukça geldi.

"Evet ama benimle çalışmak istemeyen hastaları kabul edemem. Böyle bir şeyi hiçbir zaman yapmadım. O yüzden şimdi annenizi arayacağım ve benden umudunu kesmesini söyleyeceğim."

"Ama bana sizinle her şeyi konuştuğunu söyledi."

"Bu doğru ama bizim de anlaşabilmemiz lazım, neticede

benim hastam siz olacaksınız, anneniz değil. Ve gördüğüm kadarıyla bunu istemiyorsunuz."

O da ayağa kalktı, şaşkın görünüyordu. Her ne kadar olgun gibi görünse de elbette hâlâ bir çocuktu.

"Peki ben ona ne diyeceğim."

"Kime?"

"Anneme."

Omuzlarımı silktim.

"Ne isterseniz onu söyleyin, ne de olsa yetişkin birisiniz, öyle değil mi?"

Sessizlik.

"Siz onunla konuşacak mısınız?"

"Elbette."

Gözlerimin içine baktı. "Beni ona gammazlayacaksınız!" dedi korkmuş bir halde.

Ben de onun gözlerinin içine baktım. "Bugüne kadar hiçbir hastamı gammazlamadım. Eğer burada konuştuklarımızı annenize anlatacağımı sanıyorsanız yanılıyorsunuz. Ben bir psikanalistim, muhbir değil," dedim sükunetle ama vurgulayarak.

Gözlerini gözlerimden kaçırmamaya çalıştı ama bir süre sonra başını öne eğdi.

"Çok kötü davrandım, öyle değil mi?"

Ansızın kendisini bu kadar açık ifade etmesine tebessüm ettim.

"Eğer isterseniz bir kez daha baştan başlayabiliriz."

Tekrar oturana kadar sessiz kaldık. Bu, teklifimi kabul ettiği anlamına geliyordu, ben de kendi sandalyeme oturdum.

"Merak etmeyin," dedi gülümseyerek. "Her zaman bu kadar sinirli değilim."

"Siz de merak etmeyin, ben de böyle değilim."

Rocio'nun annesi Lorena benden bir ön görüşme istedi ve kızının tedavisini üstlenip üstlenemeyeceğimi sordu. Lorena 38 yaşındaydı ve uluslararası bir şirkette müdürdü. Bundan iki yıl önce dul kamıştı. Kocası Alejandro futbol oynarken kalp krizi geçirip ölmüştü. 44 yaşındaydı ve önemli bir şirketin sahibiydi, ölümünden sonra yönetime ağabeyi geçmişti. Yani Lorena ve Rocio finansal anlamda iyi durumdaydılar.

Lorena kızı için endişelendiğini anlatmıştı. Rocio'nun agresif, duvarları olan bir çocuk olduğunu ve zamanının çoğunu kendi başına geçirdiğini söyledi. Bu sadece kendisiyle, annesiyle değil, Rocio'nun uzun yıllardır arkadaş olduğu kişilerle de alakalıydı.

"Rocio dört yaşından beri şu anki okuluna gidiyor. Yani oradaki arkadaşlarını neredeyse şimdiki yaşına kadar tanıyor. O ve arkadaşları deyim yerindeyse aynı anda konuşmaya başladılar. Ama bir süredir onlarla birlikte olmak istemiyor, hiçbiriyle. Tek ilgilendiği kişi Rodrigo."

"Rodrigo kim?"

"Birlikte olduğu çocuk, komik bir tip."

Kızının okulla ilgili sorunu yoktu. Bazen öğretmenleri onu uyarıyordu, çünkü ilgisiz davranıyordu veya uygunsuz şeyler söylüyordu. Buna karşın notları iyiydi.

"Sanırım babasının ölümünün üstesinden gelemiyor," dedi huzursuzca.

"Tabii ki bu o kadar da kolay bir şey değil, öyle değil mi? Üstelik Rocio'nun yaşında."

"Evet, bu doğru tabii ki ama bu tuhaf davranışları Alejandro'nun ölümünden önce başlamıştı. Sonrasında da çok daha kötü oldu.

Lorena gerçekten endişeliydi ve bu son derece anlaşılır bir durumdu. Birçok ebeveyn ergenlik dönemindeki çocuklarını anlamakta güçlük çeker. O ana kadar evin içinde neşeyle koşuşturan ve ailesini yere göğe sığdıramayan çocuk, birden kendisini yetiştirenlere terbiyesizce cevaplar vermeye, onların düzenine karşı çıkmaya ve tamamen aykırı davranışlar sergilemeye başlar. Ebeveynler birden tamamen yabancı biriyle yaşıyorlarmış gibi hissederler. Bir anlamda bu gerçektir. Ancak bu sadece ebeveynler için geçerli değildir. Aksine, ergenlik dönemindeki çocuk aynı zamanda kesinlikle küçümsenmemesi gereken güçlü korkular hisseder. Bir sabah tamamen değişmiş bir dünyaya uyanmak kim bilir ne kadar rahatsız edici olmalı. Bedenimiz değişmiştir, sesimiz değişmiştir, ihtiyaç ve arzularımız da öyle. Ailemiz, o güne kadar güvenli ve korunaklı olan alanımız, birden bize garip ve bir şekilde tehditkar görünen insanlardan oluşmaya başlamıştır.

Hiç kimse, ünlü Arjantinli yazar Luis Borges'in ergenlik döneminde 'ergenlikle ilgili' söylediklerini daha iyi tanımlayamaz: "Ben kimim? Bunu bulmaya çalışıyorum."

Bu keşif süreci genellikle beraberinde büyük zorluklar getirir ve insanın, başkalarının yardımı olmadan başa çıkamadığı duygu ve durumlar uyandırır. Hele ki böylesine bir kayıp yaşayan Rocio için bu durum daha ciddidir.

Annesine konuşmamızın içeriğini anlatacağımı düşünmek Rocio'da baş ağrılarına sebep oluyordu. Analizin başlangıcında bunu konuştuk.

"Henüz reşit değilsiniz, hoşunuza gitsin ya da gitmesin annenizin gözetimi altındasınız. Ancak bu size bir sürü hak tanır, örneğin anneniz size bir ev sunmak zorunda, sizi okula göndermek zorunda, kıyafet ve yiyecek almak zorunda. Onunsa farklı hakları var. Bu haklardan birisi nereye gittiğinizi ve ne zaman döneceğinizi bilmek zorunda olması veya tıpkı bu durumda olduğu gibi, ruhsal durumunuzun nasıl olduğunu bilmesi gibi."

"Bu, kulağa iğrenç geliyor -ruhsal durum-."

"Endişelenmeyin, mesleki jargonda böyle söyleniyor."

"Bunun için endişelenmiyorum. Ama bu, anneme her şeyi anlatmak zorunda olduğunuz anlamına mı geliyor?"

"Hayır. Büyük bir ihtimalle, bir süre sonra nasıl olduğunuzu anlatmak için bir araya geleceğiz. Eğer sizin durumunuzda farklı bir yöntem izlemek zorunda olduğumu hissedersem bunu ona söylemek zorunda olurum. Ayrıca, analizinizle ilgili önemli bir durum olduğunu görürsem onu arayabilirim. Tabii ki böyle bir durumda bunun bilgisini size önceden vereceğim."

"Bu, benden izin alacağınız anlamına mı geliyor?"

"Hayır ama sizi haberdar edeceğim."

"Ya karşı çıkarsam?"

"O zaman hemfikir olana kadar konuşuruz. Buna rağmen başaramazsak mutlaka bir çözüm yolu aramayı düşüneceğim."

"Sanırım ben istemesem de annemle görüşeceksiniz."

"Aynen öyle."

Sessizlik.

"Kabul ediyor musunuz?"

"Bunu biraz düşünebilir miyim?"

"Elbette."

Gitti, ancak öncesinde, analize başlayıp başlamayacağının kararını verince beni arayacağını söyledi. Aynı akşam telefon açtı.

"Karar vermeden önce size bir soru daha sorabilir miyim?"

"İstediğiniz kadar."

Kısa bir sessizlik.

"Beni ele vermeyeceksiniz, öyle değil mi?"

Ses tonu ona kulak kabartmamı sağladı. Hemen ilk buluşmamızda ne söylediğini düşündüm: "Beni ona gammazlayacaksınız!" Ne demek istiyordu? Daha önce onu kim ele vermişti? Ve hangi sır kesinlikle açığa çıkmamalıydı? Şu ana kadar bunların cevabı yoktu. Ancak, Rocio'nun bana az önce sorduğu soruya cevap verebilirdim.

"Hayır, sizi ele vermeyeceğim."

Hattın ucunda rahat bir nefes verildiğini duydum. "O zaman tamam, kabul ediyorum."

"Güzel, o zaman sizi önümüzdeki hafta bekliyorum, tamam mı?"

"Tamam."

"O halde görüşmek üzere."

"Görüşmek üzere."

Düşünceli bir şekilde kapattım.

Nadiren genç hastalarla Çalışırım. Belki yetişkinlerle analiz yaparken kendimi daha iyi ya da daha güvenli hissettiğimden. Özellikle ergenlik çağındakiler kendilerine özgü özellikler gösterirler. Savunma mekanizmaları değişir. Çocukluktan kalma olanlar yetersizdir ve yetişkinlere ait olanlar da onlara uygun değildir. Genelde içlerinde olup bitenlerle ilgili konuşamazlar veya kendilerini ifade edemezler. Bu nedenle, geceyi haber vermeksizin başka bir yerde geçirir, uyuşturucu denemek gibi ciddi eylemlere başvururlar. Bunun yanı sıra, yetişkinlerin talep ve beklentileriyle başa çıkmaları gerekir – bu kolay bir görev değil.

Bir genç çoğu zaman, aynı zamanda bütün aile için sorun olan her şeyin günah keçisi ilan edilir. Böylelikle diğerleri için faydalı bir görevi üstlenmiştir ve evde yanlış giden şeylerin bedelini acı çekerek öder. Analizin yardımıyla kendisini bu rolden çıkarmayı başardığında, ebeveynlerin öfkesi çoğu zaman analiste yönelir. Eğer çocuklarının tedavisini hemen kesmezlerse, her şeyin eskisinden daha kötü olacağını iddia ederek yaptığı işi küçümserler. Bu durum ergenlerle çalışmayı oldukça karmaşık bir mesele haline getirmektedir ve itiraf etmeliyim ki bu şartlar altında çalışmayı sevmem.

Çocuklarla ya da ergenlerle çalışmanın bir başka özelliği de yardımın genellikle çok farklı nedenlerle arandığı gerçeğidir, ancak bu noktada ortaya farklı ilgi alanları çıkar: Bir yanda ebeveynlerin talepleri: Rocio vakasında anne endişeliydi, çünkü kızının, babasının yasıyla nasıl mücadele edeceğini bilmiyordu ve aynı zamanda her şeyden uzaklaştığının farkındaydı. Diğer yanda her hafta birlikte çalışmamız için muayenehaneme gelen hastanın beklentileri vardır. Bu beklentileri karşılamak sıklıkla zaman alır. Ayrıca bir gencin gerçekten analize güvenmesi ve sırf ebeveynleri istiyor diye analiz çalışmasına katıldığı düşüncesinin üstesinden gelebilmesi için özel bir desteğe ihtiyaç duyar. Ta ki kendisiyle ilgili bir şeyler öğrenmeye başlayana kadar. Rocio ile bu tarz bir çalışma çok çabuk gerçekleşmişti.

Herhangi bir sebeple onunla çalışmayı kabul etmiştim. O da bana onu gammazlamayacağım konusunda güvenmişti.

"Annem sizinle babamla ilgili konuşmamı istedi."

"Siz bu konuda ne düşünüyorsunuz?"

"Bilmiyorum. Tabii ki öldüğü için üzgünüm. Ama herkes üzülürdü."

Yavaş yavaş konuşuyordu.

"Bazen bütün gece ağlıyorum ama annem duymasın diye yastığı yüzüme kapatıyorum."

Nasıl acı çektiğini hayal etmeye çalıştım, tek başına, 'annem duymasın diye'. Belki de bunu sadece acısıyla baş başa olmak için yapmıyordu. Belki bu şekilde annesini korumaya çalışıyordu – onun ne kadar üzüldüğünü düşünüp daha da acı çekmemesi için. Ama annesiyle olan ilişkisine daha sonra değinecektik. Görünüşe göre Rocio bu kez babası hakkında konuşmayı düşünmüştü.

"Onu çok mu düşünüyorsunuz?"

Üzgün bir ifadeyle güldü. "Tabii ki, babam çok iyi biriydi."

Cep telefonunu çıkardı ve Rocio'ya sarıldığı bir fotoğrafını gösterdi. Fotoğrafı anasayfada duvar kağıdı yapmıştı. Fotoğrafa bir süre baktım ve sonra ona geri verdim.

"İyi anlaşır mıydınız?"

"Evet, üstelik hiç konuşmamamıza rağmen. Ama benimle konuşmak pek kolay değildir, çünkü suskun biriyimdir. Onunla dışarıda olmayı çok severdim. Yürüyüşe çıkardık ama pek konuşmazdık. Bazen kolunu omzuma atardı... Zavallı adam, bazen benimle konuşmak için ne yapması gerektiğini bilmezdi. Ama benim için gerekli değildi. Bana sadece birlikte olmamız yetiyordu. Belki..." Sustu.

"Belki ne?"

"Belki daha çok konuşarak onu biraz mutlu edebilirdim."

Söyleme şeklinden fazla suçluluk duygusu hissetmediği anlaşılıyordu. Sadece öylesine bir düşünce gibiydi. Ben de bu yüzden üstünde durmadım.

"Onun en çok neyini özlüyorsunuz?"

Düşünmeye başladı.

"Kulağa komik gelecek ama onu özlüyor muyum bilmiyorum... Ama onu şu anda göremeyeceğim için değil, onu artık hiçbir zaman göremeyeceğim için üzgünüm. Anlıyor musunuz?"

"Evet."

"Bu kötü mü?"

"Neden kötü olsun? Herkes kaybını kendine has bir şekilde yaşar."

Gülümsedi.

"Ne oldu?"

"Aslında hep yetişkinlerle çalışıyorsunuz, öyle değil mi?"

"Normalde evet. Neden?"

"Kendinizi ifade etme şeklinizden. *Herkes kaybını kendine has bir şekilde yaşar*."

Güldüm. "Haklısınız. Kulağa oldukça sert geliyor."

"Sorun değil. Herkes kaybını kendine has bir şekilde yaşar," dedi bir kez daha ve espri olsun diye sesimi taklit etmeye çalıştı.

Yine güldüm.

"Tanrı'ya inanır mısınız?" dedi birden ciddileşerek.

Bu soruya hemen cevap vermemem gerektiğini düşündüm.

"Bunu neden soruyorsunuz?"

"Demek istediğim, acaba babam beni bir yerlerden görüyor mudur?"

"Neden? Yaptığınız bazı şeyleri göreceğinden mi korkuyorsunuz?"

İç çekti.

"Hayır. Annemin ve sizin düşündüğünüz gibi bir sürü kötü şey yapmıyorum."

"Bu konuda yanılıyorsunuz. Annenizin ne düşündüğünü bilmiyorum ama ben bununla ilgili hiçbir şey düşünmedim, sadece soruyorum. Bu sizi huzursuz mu ediyor?"

"Hayır. Sadece o gittiğinden beri bazen kendime, acaba ölümden sonra bir şeyler oluyor mu diye soruyorum."

"Peki neye inanıyorsunuz?"

"Hiçbir şey olmadığına. Babamın hiçbir yerde olmadığına ve hayatın kocaman bir saçmalık olduğuna."

Philippe Ariès'in dediği gibi: 'Kaç yaşında olursa olsun, insan sevdiği birini kaybedince büyür.'

Bu kez babası hakkında daha çok konuştuk. Biraz ağladı ve biraz üzgündü. Ama gözlemlediğim kadarıyla bu hastalıklı bir durum değildi. Babasının ölümü ona acı veriyordu, zaten başka türlüsü de tuhaf olurdu. Kederliydi, ancak bu normaldi. Elbette ona yas çalışması süresince eşlik edecektim. Yine de son zamanlarda dikkat çekici davranmasının sebebinin, yas duygusundan kaynaklandığını düşünmüyordum. O halde sebebi neydi? Bilmiyordum. Ama ilişkimiz derinleşmişti ve bana çok güveniyordu. Ve hazır olduğunda nedenini anlatacağını biliyordum. Sadece zamana ihtiyacı vardı ve ben de ona bu zamanı vermeye hazırdım.

"Anneniz aradı," dedim Rocio'ya bir sonraki seansta.

"Ve?"

"Ve derken?"

"Ne istedi?"

"Bana, istediğim zaman konuşmak için buraya gelmeye hazır olduğunu söylemek istemiş."

"Siz ne dediniz?"

"İsterse gelmesine sevineceğimi ama benim açımdan bunun gerekli olmadığını."

Rocio kafasını hafifçe eğdi.

"Ne oldu?"

"Meraklı!"

"Neden böyle söylüyorsunuz?"

"Çünkü."

"Bu bir neden değil."

Rocio bacaklarını bükmüş, ayaklarını koltuğun oturma yerine koymuş ve kendine doğru çektiği bacaklarına kollarını dolamıştı. Bana baktı.

"Her şeye burnunu sokar. Benim de bir hayatım olduğunu, kendi kararlarımı verebileceğimi anlamıyor. Tıpkı on beşinci doğum günümde olduğu gibi."

"Ne olmuştu o doğum gününüzde?"

"Hiçbir şey! Tam olarak bu oldu: Hiçbir şey."

"Anlamadım."

"Kutlamak istemedim."

"Neden?"

"Çünkü altı ay önce babam ölmüştü ve benim için kutlanacak bir durum yoktu. Bu benim doğum günümdü ve onu nasıl istiyorsam o şekilde kutlamaya hakkım vardı."

"Peki onu nasıl kutlamak istediniz?"

"Yalnız başıma. Misafir olmadan. Ne sanıyorsunuz? Babam tabutta yatarken makyaj yapıp şık kıyafetlerimi mi giyecektim? Sırf vaftiz babam olan amcam ve büyükbabam daha sonra benimle doğum günü dansını yapacak diye! Herkes seyredecekti ve ağlayacaktı. "Zavallı kız!" diye düşüneceklerdi. İğrenç. Ama o geri zekalı beni anlamadı ve büyük bir patırtı kopardı."

"Geri zekalı derken annenizi mi kastediyorsunuz?"

"Elbette, başka kimi olacak? Hiçbir fikriniz yok. Birbirimizi neredeyse öldürecektik."

"Gerçekten o kadar kötü müydü?"

"Evet. Bana kutlama için paranın yarısını ödediğini, iptal edersek o parayı kaybedeceğimizi söyledi."

"Siz ne dediniz?"

"Eğer kutlamayı yapacak olursa hepsini kaybedeceğini, çünkü kesinlikle kutlamaya katılmayacağımı söyledim."

"Peki sonra ne oldu?"

"Beni o kadar çok sinirlendirdi ki, bir süre sonra ona defolup gitmesini söyledim. Neredeyse iki hafta boyunca konuşmadık. Sonunda bana egoist olduğumu, babamın o gün çok güzel ve neşeli olmamı isteyeceğini söyledi. Ve kendisinin de."

"Siz ne cevap verdiniz?"

"Ona, babamın isteyip istememesinin bir rolü olmadığını, çünkü öldüğünü, onun isteklerinin de hiç umurumda olmadığını söyledim."

Tek kelime etmeden ona baktım.

"Ama beni kışkırttı."

"Ben bir şey söylemedim."

"Hayır ama bana sanki acayip kötü bir şey yapmışım gibi baktınız."

"Kendi düşündüğünüz şeyleri ben düşünmüşüm gibi mi yansıtmaya çalışıyorsunuz? Acaba bizzat siz uygunsuz davrandığınızı düşünüyor olabilir misiniz?"

Sessizlik. "Pekala, zaten artık çok geç. Ayrıca babamın hatırına ona parasını geri verdiler. Çevirdiği o tiyatro boşunaydı."

"Belki de onun için konu para değildi."

"Olabilir. Yine de umurumda değil, ayrıca konu çoktan kapandı."

Hiç kuşku yok ki kesinlikle kendisi için önemli olan şeyleri savunacak durumdaydı.

"Evet, konu kapandı ama gördüğüm kadarıyla annenize hâlâ kızgınsınız."

"Çünkü beni kızdırıyor, beni aptal yerine koyuyor."

"Neden böyle söylüyorsunuz?"

Sessizlik. "Çünkü artık küçük bir çocuk değilim."

"Peki bununla ne anlatmaya çalışıyorsunuz?"

Derin bir nefes aldı. "İki ay önce sürekli bir iş arkadaşından bahsetmeye başladı. Adamın adı Marcelo."

"Öyle mi, peki ne anlatıyor?"

"Çok iyi biri olduğunu ve bunca zamandır yardımcı olduğunu, sürekli onu eve getirdiğini anlatıyor," dedi dalga geçercesine. "Sanırım beni salak sanıyor."

"Bunu daha net anlatır mısınız?"

Bana neredeyse öfke dolu gözlerle baktı. "Hayır. Siz de beni salak sanıyorsunuz?"

"Kesinlikle hayır. Ama benim için tam olarak ne söylediğiniz, ne anlatmaya çalıştığınız çok önemli."

"Onunla yatıyor. Bunu anlatmaya çalışıyorum!"

Bu cevabın benim için ne kadar önemli olduğunu belli etmemeye çalıştım. Analiz süresince ilk defa kendini bu şekilde ifade etmişti, evet, benimle ilk kez cinsellik hakkında konuşuyordu. Bu benimle birlikteyken kendini güvende hissettiği ve bana güvendiği anlamına geliyordu. Artık aramızda bir bilgi alışverişi olacağının işaretiydi.

Gençler her yetişkinle cinsellik hakkında konuşmazlar. Kendi aralarında da bu o kadar kolay konuşulacak bir konu değildir.

"Bu sizin için önemli mi?"

"Neden olsun? İstediği kişiyle, ne kadar isterse düzüşebilir, bana ne?"

Kendini ifade ediş şekli karşısında gülmemek için kendimi zor tuttum.

"Beni sinirlendiren şey, hiçbir şeyi anlamadığımı sanması."

"Belki konu bu değildir."

"Nasıl yani?"

"Belki sizin saf olduğunuzu düşünmüyordur, belki daha

çok sizinle bu konuyu konuşacak durumda değildir. Kabul etmelisiniz ki ebeveynlerin ve çocukların cinsellik hakkında konuşmaları çok kolay değildir, öyle değil mi?"

"Olabilir. Ama sizinle konuşmak da bana her zaman kolay gelmiyor."

"Evet, biliyorum. 'Herkes kaybını kendine has bir şekilde yaşar'. Böyle bir cümleyle karşınıza gelirsem, siz de tabii ki gerilirsiniz, öyle değil mi?"

Gülüştük. Seanstaki gerginlik yok olmuştu, ama çok önemliydi, çünkü Rocio'nun annesinin cinsel hayatı gibi karmaşık bir konuyu ele almıştık. Bu ayrıca çok önemli bir konuya da kapı açmıştı: Rocio'nun cinsel hayatı.

Bir insan, hayatının on altıncı ve on dokuzuncu yaş aralığında, bedensel ve zihinsel anlamda önemli değişiklikler yaşar. Aynı şekilde öncelikle başlayan ilk cinsel deneyim isteği – ya da daha çok cinselliğe giriş – güçlenir. Artık aile dışında bir hayat arkadaşı bulma fırsatı doğar. Libido enerjisi baba ve anneye bağlı olmadığından, başka kişileri arama konusunda özgürleşir. Ve artık aile ortamından kopma zamanı gelir.

Bu aşamada, erkek ya da kadın kimliği farklı bir şekilde pekişir. Bunun basit bir süreç olduğu düşünülemez. Bu esnada kadınlar mutlaka bir kadın kimliğini benimsemez ve erkekler de mutlaka bir erkek kimliğini benimsemez. Heteroseksüellik otomatik olarak en doğal yol değildir. İnsan cinselliğini bu kadar karmaşık yapan şey, öngörülen doğal bir rotayı izlememesi, aksine her bireyin, kişiye özel hikayesinin sonucunu ortaya koymasıdır.

Rocio tam da bu açıdan giderek artan bir korku ve güvensizlik hissediyordu.

"Madem öyle Rodrigo da bende kaldı."

"Peki, anneniz bu duruma ne dedi."

"Ne diyecek? Neticede orası benim de evim."

Bu konunun üstüne düşebilirdik. Rocio ve annesinin aynı haklara sahip olup olmadıklarını ve Rocio'nun bu şekilde kendini eşit şartlarda görüp görmediğini, bir açıdan bakıldığında sınırlara sahip bir otoriteden kurtulmuş olabileceğini ama diğer açıdan ona sunulan korunaklı alanı kaybettiğini konuşabilirdik. Ama bunun doğru an olmadığına karar verdim.

Rocio, annesinin anlattığına göre, o sıralarda kızının yakın bir ilişki içinde olduğu ve sohbet edebildiği Rodrigo hakkında neredeyse hiç konuşmuyordu.

"Bana biraz Rodrigo'dan bahseder misiniz?"

"Ne anlatayım ki?"

"Ne isterseniz."

"Tamam, uzun boylu, zayıf ve siyah saçlı biri." Bana baktı. "Ve tipik bir Stones hayranı, ne demek istediğimi anladınız mı?" Çılgın bir yüz ifadesi yaptı.

"Evet."

"Yani, tam olarak öyle bir tip."

"Kaç yaşında."

"On sekiz. Onu okuldan tanıyorum."

"Hâlâ okulda mı?"

"Hayır, geçen sene bitirdi."

"Demek öyle. Şimdi ne yapıyor?"

"Bir grubu var."

"Ne grubu."

"Rock grubu."

"Siz de katılıyor musunuz?"

"Çok nadir. Ama onlar her salı ve cumartesi günü Pablo'da prova yapıyorlar. O, davulcu."

"Provalara katılıyor musunuz?"

"Evet. Bazen. İyi insanlar. Tuhaflar ama iyiler."

Kimlikleri henüz nihai şekilde oturmayan ergenler, özgürlüklerini sürekli tehdit altında hissederler. Bu nedenle sıklıkla narsistik olarak da adlandırılan kararlar alırlar. Yani, benliklerine ve aidiyet ihtiyaçlarına hitap eden kendilerine benzer gruplara katılırlar. Diğerleri, aynı anda hem tehditkar, agresif veya sadece tuhaf olarak algılanır.

Rocio'nun, kendisinden oldukça farklı insanlardan oluşan bir grup bulması ise bir o kadar şaşırtıcıydı. Ancak en azından bir grubu vardı ve annesinin düşündüğü gibi yalnız değildi. Ve bu çok önemliydi.

Ne annesinin ne de benim hayatının bu kısmıyla ilgili en ufak bir bilgimiz yoktu ve bu konuyu sıklıkla konuşmaya başlamıştık. Görünüşe göre Rocio, Rodrigo ve grup arkadaşlarının onu kabul ettiğini ve ona değer verdiğini tam anlamıyla hissediyordu. Yine de onlar erkek arkadaşının arkadaşlarıydı. Rocio onlardan biriydi ama tam olarak değil; aslında kararı semptomatikti ve kendisini onlardan biri gibi hissetmesi gerekirken uzun zamandır onlarla arasına mesafe koyuyordu.

Rocio, Rodrigo ve arkadaşlarının yaptığı bazı şeyleri, dışardan pasif bir izleyici olarak eşlik etmesine rağmen heyecan verici ve baştan çıkarıcı buluyordu.

"Peki siz?" diye sordum bir seferinde.

"Ben mi? Asla!"

"Neden?"

"Çünkü korkuyorum."

Travmatik veya oldukça acı verici tecrübeler yaşayan gençler, zaman zaman son derece net ve yapmacıksız davranabilir. Tıpkı Rocio gibi. Bir gencin bu kadar normal bir şekilde korkularından bahsetmesi, genelde olağan bir durum değildir.

"Neden korkuyorsunuz?"

"Ben... ben esrarın uyuşturucu olduğunu sıklıkla duydum. Çocuklar bana sürekli öyle olmadığını söyleseler de yapılan birçok uyarı bende o izlenimi uyandırdı. Ne dersiniz, denemeli miyim?"

Bu sorudan kaçmamalıydım. Benden gerçekten izin mi istediğini yoksa sadece fikrimi mi sorduğunu tam olarak bilmiyordum. Her neyse, bir analist olarak görüşümü nadiren net ve açık bir şekilde paylaşırım ve bu öyle bir vakaydı.

"Benim görevim size erdem timsali rolünü oynamak değil. Sizin için neyin iyi neyin kötü olacağına karar verecek olan da ben değilim. Böyle bir rolü reddediyorum. Ama bu noktada konu çok farklı."

"Ne gibi?"

"Bildiğiniz gibi Arjantin'de uyuşturucu kullanmak yasak."

"Evet."

"Güzel. Ve bir toplumun içinde yaşayabilmek ve sağlıklı bir şekilde uyum sağlamak da kanunları kabul etmek demek. Bu açıdan bakarsak, uyuşturucu kullanmanızı onaylarsam, kanunsuz bir iş yapmanızı da onaylamış olurdum. Ve bunu asla yapmam!"

Rocio bir süre düşündü.

"Peki, ya esrar yasallaştırılırsa?"

"Bu başka bir şey olur."

"Bu hoşunuza gider miydi?"

"Kesinlikler hayır. Çünkü araştırmalar esrarın sağlığa zarar vermediği iddiasının doğru olmadığını gösteriyor. Sizin için kötü olabilecek ve bağımlılık yaratacak bir şey asla hoşuma gitmez. Örneğin sigara; o da sağlığa zararlı ve bağımlı yapıyor ama yasal. Anlıyor musunuz?"

"Evet."

Sessizlik.

"Ama bunun dışında – denemek ister miydiniz?" diye sordum sonunda.

"Hayır. Bana cazip gelen tek şey, kullanınca olanlar, çünkü benim bildiğim dünyadan farklı. Ama yine de denemek istemiyorum. Sadece ilginç buluyorum."

Bir süre daha bununla ilgili konuştuk. Bu açıdan Rocio'nun tehlike altında olduğunu düşünmüyordum – için için buna çok sevinmiştim. Aksi takdirde annesiyle konuşmak zorunda kalacaktım. Kim bilir bu bizim ilişkimiz üzerinde nasıl bir etki bırakacaktı. Çünkü o anda, Rocio için her açıdan tamamen güvenebileceği birinin olmasının ne kadar önemli olduğunu hissediyordum.

"Size bir ara anlattığım Marcelo'yu hatırlıyor musunuz, hani şu annemin arkadaşı olan adam."

"Evet."

"Güzel, sanırım şimdi o değişti, Omar oldu."

"Bununla ilgili sizinle konuştu mu?"

"Hayır, benimle bu tarz itiraflar konusunda hiç şansı yok."

"Peki siz nasıl öğrendiniz?"

"Her akşam arıyor ve gece geç saatlere kadar konuşuyorlar."

Başını salladı.

"Böylesine bir erkek delisi olabilir mi…"

"Bu sizi rahatsız mı ediyor?"

"Hayır…" dedi hızla, "…size söylemiştim, bence istediğiyle…"

"Evet, biliyorum..."

"Aynen."

Sessizlik.

"Ama yine de sizin için önemli gibi görünüyor."

Düşündü.

"Sanırım haklısınız."

"Neden?"

"Bilmiyorum."

"Acaba bu sizin için babanıza yapılmış bir ihanet gibi mi?"

"Olabilir."

Başka bir şey söylemedi. Ama soruya verdiği tepkiye bakılırsa sebep bu gibi görünmüyordu. Aramaya devam etmeliydim. "Belki de sizi rahatsız eden şey, annenizin cinsel hayatı değil, sizin kendi cinsel hayatınızdır." Bana baktı. "Bununla ilgili konuşmak ister misiniz?"

"Hayır, çok teşekkür ederim. İstemem."

Sessizlik.

"Yine de size bir soru sormak isterim. Hâlâ bakire misiniz?"

Şimdi ses tonu ve yüz ifadesi bu konunun onu üzdüğünü ele veriyordu. Cevap vermek için epey bir zamana ihtiyaç duydu.

"Bilmiyorum."

Bu cevap beni şaşırtmıştı. Evet ya da hayır demesini bekliyordum, bilmiyorum değil. Bir analist asla hastasının düşüncelerini önceden tahmin etmemeli ya da herhangi bir konuyla ilgili emin olmamalı. Her insanın içinde kendisine özgü ve tahmin edilemez bir hikaye vardır.

"Bana bununla ilgili bir şey söylemek ister misiniz?"

Rocio başını salladı. Derin bir sessizlik olmuştu. Defalarca konuşmaya yeltendi, ancak sustu. Görünüşe göre karar veremiyordu. Tek kelime etmedim. O anda bu kadar uzun süre sessiz kalmak hoş bir durum değildi ama dayandım. En doğrusunun bu olduğunu düşünüyordum. Yirmi dakika sonra, yani seansın sonunda tek bir şey söyledim.

"Unutmayın, sizi ele vermeyeceğime dair söz verdim."

Başıyla onayladı. "Bir sonraki seansta görüşmek üzere."

Rocio ayağa kalktı, bana baktı ve dışarıya çıktı.

Tek kelime etmeden.

İlk seanstan bu yana bir yılı aşkın bir süre geçmişti. Rocio, başına gelen şeyi benimle konuşabilmek için böylesine uzun bir süreye ihtiyaç duymuştu.

"Sanırım geçen hafta söylediğiniz şeyde haklıydınız. Anneme kızgın olma sebebim onun cinsel hayatıyla ilgili değil, kendiminkiyle ilgili."

"Bununla ilgili konuşmak ister misiniz?"

"Bir sınıf gezisiydi. Cordoba'ya gitmiştik. Otelde, odamı en yakın kız arkadaşlarım Evelyn ve Tatiana ile paylaşıyordum. Akşam yemeğinden sonra başka okullardan gelen öğrencilerle dans ediyorduk. Diğer şehirlerde yaşayan bir sürü gençle tanışmıştık. Geriye döneceğimiz akşam maskelerimizi takıp vedalaştık. O günlerde tanıştığım ve arkadaş olduğum Rio Negro'lu Camila adında bir kıza, benimle odama gelir mi diye sordum. Üstümü başımı değiştirecektim."

Kısa bir süre ara verdi ve sonra devam etti.

"Odada üstümü değiştirirken sohbet ediyorduk. Camila hem mutlu hem de üzgün olduğunu söyledi. Beni tanıdığı için mutluydu ve büyük bir olasılıkla bir daha görüşemeyeceğimiz için de üzgündü. Ben de onu özleyeceğimi söyledim ama mektuplaşabileceğimizi, telefonlaşabileceğimizi ve tatillerde birbirimizi ziyaret edebileceğimizi söyledim. Ağlamaya başladı. Ona sarılmak için yanına gittim. Beni göğsüne bastırdı ve... öptü."

Rocio yine kısa bir ara verdi.

"Korkmuştum. Tahmin etmeyeceğim bir şeydi ve nasıl davranacağımı bilemedim. Kendi kendime bunun normal olmadığını söyledim ama..."

"Ama ne?"

"Ama hoşuma gitti."

Yüzüme bakamayacak şekilde başını eğdi. Gözlerinden birkaç damla yaş aktı.

"Başım dönmüş gibiydi, şaşkındım ama tahrik olmuştum. Tıpkı esrar içildiğinde hissedilen gibi bir şey olmalı – Rodrigo bu durumu böyle tarif etmişti. Kısa bir etek giymiştim... Camila beni altından okşamaya başladı. Ve ben... ben karşı koydum. Bunun doğru olmadığını hissediyordum ve yeter demek istiyordum ama yapamıyordum. Bir süre sonra parmaklarını..." Şimdi yüzüme baktı. "İçimde hissettim... Anlıyor musunuz? O anda korktum. Camila'ya durmasını söylemek istiyordum ama yine söyleyemedim. Gözlerimi kapadım ve devam etmesine izin verdim. O anda şiddetli bir soluk duydum, ondan mı çıkmıştı benden mi bilmiyordum. 'Çok güzelsin' dedi Camila ve beni tekrar öptü. Uzun uzun. Bu benim ilk gerçek öpücüğümdü. Ve tam o anda kapı açıldı. Eve ve Tatiana üstlerini değiştirmek için gelmişlerdi. Bizi gördüler."

Sessizlik.

"Peki ne oldu?"

"Hayatımın en uzun ve zor gecesiydi. Babamın ölüm nöbetinden de zor. İkisi beni saatlerce sorguladı ve bir daha Camila'yla görüşmemem için yemin etmeye zorladılar."

Kısa bir ara verdi.

"Ve öyle de oldu. Ertesi gün kahvaltıya inmedim. Sonra da otelden ayrıldım ve doğruca otobüse bindim. Yol boyunca bir kez bile ayağa kalkmadım.

Kazağının koluyla gözlerini sildi.

"Ama bu kadarla kalmadı, öyle değil mi?"

"Buraya geri döndüğümüzde o iki kız arkadaşımla çok büyük sorunlarımız oldu. Dönüşümüzden birkaç gün sonra, konuşmak için okul çıkışında beni beklediler."

"Ne söylediler?"

"Çok kötü bir şey yaptığımı... Lezbiyen olduğumu ve benimle arkadaş olmak istemediklerini. Beni tehdit ettiler. Eğer onları rahat bırakmazsam ailemle ve tüm sınıf arkadaşlarımla konuşacaklarını söylediler."

Rocio'nun dinlenmesi için kısa bir süre sustum. Sonra, "Onlar sizin arkadaşlarınızdı ama sizi yarı yolda bırakmışlar, sizce de öyle değil mi?" dedim.

"Evet," dedi.

"Bu sizin için zor bir durum olmalı."

Başıyla onayladı. "Babam öldüğünde bana geldiler ve beni affetmeye hazır olduklarını söylediler."

"Peki siz ne söylediniz?"

"Hiçbir şey. İnsan o kadar yalnız olunca ve kimseye güvenemeyince, ne düşündüğünü söylemekte zorlanıyor."

"Ama şimdi söyleyebileceğiniz bir yer var. Bana güvenebilir misiniz?"

"Evet."

"Eğer isterseniz bana o zaman ne düşündüğünüzü söyleyebilirsiniz."

"Özrünüzü bir yerinize sokun, diye düşündüm."

"Anlıyorum, sonra ne oldu?"

"O zamandan beri benim için sadece aynı okula gittiğim kızlar. Artık benim arkadaşlarım değiller. Artık onlara güvenmiyorum. Ve hâlâ beni gammazlayacaklarından korkuyorum."

"Evet. Ben de acaba bunun için mi doğum gününüzü kutlamak istemediniz acaba diye düşünüyorum. Belki her şeyden önce kiminle kutlayacağınızı bilmiyordunuz."

"Bunu hiç düşünmemiştim ama evet, olabilir."

Sessizlik.

"Son seansta bana bir soru sormuştunuz ve ben cevap verememiştim. Bütün hafta cevabı düşündüm ve hâlâ ne diyeceğimi bilmiyorum. Bana yardımcı olun. Az önce anlattıklarımdan sonra… sizce hâlâ bakire miyim?"

Ona baktım. Bana çok fazla güvenmişti. Bu sebeple bir desteği hak etmişti ama bugün değil, şimdilik bu kadar yeterliydi.

Bu seansımızda değindiğimiz konular üzerine uzun süre çalıştık ve Rocio farklı sonuçlara ulaştı.

İlki bakireliği ve ilk cinsel deneyimi ile ilgiliydi. Çünkü onun için bekaretinin zarar görüp görmediğinden daha önemlisi, yaşadığı bu deneyimin duygusal ve zihinsel yanıydı. Edindiği ikinci sonuç bir seferinde annesi için söylediği bir şeye işaret ediyordu: 'Böylesine bir erkek delisi olabilir mi...' O zaman yaptığı şey öfkeden çok kıskançlıktı. Ya da daha çok kendisi öyle olamayacağından korkmuştu. Camila ile yaşadığı deneyimin ona belki de lezbiyen olduğunu gösterdiğini düşünmüş ve bundan korkmuştu. Ve bu düşünce ona işkence etmişti.

İlk cinsel deneyimle ilgili ve iki hemcinsin arasında geçenlerin her zaman homoseksüellikle alakalı olmadığının üstünde çok durduk. Örneğin, Rocio kesinlikle değildi.

Artık bu konuyla ilgili güvensiz ve endişeli olmadığından Rodrigo'yla olan ilişkisini bitirdi. O olağanüstü bir arkadaştı ve ona sevgi dolu ve duyarlı davranmıştı. Ve en zor döneminde Rocio'ya sadece yardımcı olmamış, aynı zamanda başka insanlara güvenmesini de sağlamıştı. Ama onu sevmiyordu. Onunla olan ilişkisi, bir erkek olmasından ve kadınları arzulama korkusuna karşı onu korumasından ibaretti. Ve kendi sınıf arkadaşlarından tamamen farklı olan bir gruba aitti.

Bir yıl sonra, adı Valentin olan bir erkekle ilişki yaşamaya başladı. Şu anda 21 yaşında ve hâlâ Valentin'le birlikte.

Ona, hikayesiyle ilgili bir bölümü yazabilir miyim diye sorduğumda bana hemen 'evet' dedi. Basılmadan önce metni ona gösterdiğimde ve okuduğunda, beni çok heyecanlandıran bir görüşünü paylaştı.

"O zaman kendimi çok kötü hissediyordum. Bu yolu sizinle birlikte ardımda bırakmam çok güzel."

Buna karşın bir şey söylemedim ama içten içe ona müteşekkirdim.

BABA OLMAK, İLİŞKİLER, SUÇ

Victor'un hikayesi

"Bu olamaz," dedi tekrar tekrar ve telaşla alnını ovuşturdu. "Böyle bir şey benim başıma gelemez, böyle bir şey istemiyorum."

"Victor, bazen bazı şeyler istediğimiz gibi olmayabiliyor."

"Evet. Ama neden?"

Victor çaresiz bir halde koltukta yatıyor ve ağlıyordu. Bu, birlikte çalışmaya başladığımızdan beri ilk kez oluyordu.

"Ne düşünüyorum biliyor musunuz? Sebebi sizsiniz ve bu boktan analiz!"

"Arzularınızın sorumlusunun ben olduğumu mu düşünüyorsunuz?"

"Hayır ama eskiden bununla başka türlü başa çıkabiliyordum."

"Doğru, bu yüzden de bana geldiniz. Çünkü içgüdülerinizle başa çıkmayı öğrenmek istiyordunuz. Öyle değil mi?"

"Evet ama konunun böyle sonuçlanacağı aklıma gelmezdi."

Ağlamaya devam etti. Öfkeliydi ve aynı zamanda cesareti kırılmıştı. Sustum. Az önce konunun böyle sonuçlanacağını tahmin etmediğini söylemişti, ancak bunun bir son değil, sadece uzun bir yolun başlangıcı olduğunu anlamıyordu.

Victor 48 yaşındaydı. Çok şık giyinmişti, karşımdaki insanın zeki ve kültürlü bir insan olduğunu hemen anlamıştım. Başarılı bir mimardı ve 16 yıldır Virginia adında bir kadınla evliydi. Karısı özel bir okulun yöneticisiydi. İkisinin üç çocuğu vardı: 12 yaşındaki Lucia, 10 yaşındaki Sol ve 7 yaşındaki Santiago. Victor kendini uyumlu bir aile hayatı olan, mutlu bir insan olarak tanımlıyordu.

"O halde neden buraya geliyorsunuz?" diye sordum.

"Çünkü hiçbir anlamı olmayan şeyler için hayatımı tehlikeye soktuğumu hissediyorum ama yine de bununla başa çıkamıyorum."

"Belki de o şeyler sizin için bir anlam ifade ettiği için başa çıkamıyorsunuzdur, ne dersiniz?"

"Olabilir. Ama bundan kurtulmak istiyorum, çünkü bana sadece sorun çıkarıyor."

"Konu ne?"

"Bakın, kendimi bir anlamda, sahip olduğu her şeyi paha biçilemez bir inciye değiştiren biri gibi hissediyorum. Şimdi bu kişi bir uçurumun kenarında durmuş bu inciyle oynuyor, onu havaya fırlatıyor ve sonra tutuyor. Eğer elinden düşürecek olursa hayatı boyunca çabalayıp elde ettiği her şeyi kaybedeceğini bir türlü anlamıyor. Bu insanın bir geri zekalı olduğunu iddia edersem, sanırım bana hak verirsiniz."

"Bilmiyorum, belki de ona neden o inciyi ikide bir havaya fırlattığını sormak lazım. Özel bir sebebi olabilir."

"Evet, hasta."

Sessizlik.

"Bu inci ailesi mi?"

"Evet."

"O adamın oynadığı oyun neden uçurumun kenarında?"

"Başka kadınlarla birlikte oluyorum. Sürekli. İçgüdüsel. Sadece tek bir kadını arzulayıp, ona bağlı kalamıyorum."

"Demek öyle, peki bu ne zamandan beri böyle?"

Düşündü. "Aslında tüm hayatım boyunca böyleydim. Kadınlarla aram her zaman iyi olmuştur. Henüz küçük bir çocukken bana baktıklarını fark etmiştim. Onların hoşuna gidiyordum, orası kesindi, ben de bunu kullandım." Kısa bir ara verdim. "İlk yattığım kişi kuzenimdi, on iki yaşındaydım ve sonra yıllarca birlikte olmaya devam ettik. Bugün bile bir aile toplantısında karşılaşsak, bir köşeye çekilip oynaşırız. Sonra bu durum yaşadığımız mahalledeki ve okuldaki kızlarla devam etti. O zamanlar annemin dediği gibi: 'Bu çocuktan hiçbir şey kaçmıyor...' Gerçekten böyleydi. Ta ki Virginia'yı tanıyana kadar."

"O andan sonra başka kadınlarla ilişkiniz değişti mi?"

"Öyle oldu diyebilirim."

"Diyebilirsiniz, bu evet mi demek, hayır mı?

Bana baktı.

"Yani, neredeyse."

"Bu, hâlâ biraz sadakatsiz olduğunuz anlamına geliyor," dedim esprili bir şekilde.

"Evet, eğer böyle bir şey mümkünse. Çünkü sadakat tıpkı hamile kalmak gibi bir şey, azıcık hamile kalmak olmaz, değil mi?"

"Söylemeye çalıştığınız şey ne?"

Güldü.

"Ne oldu?" diye sordum.

"Bu sorunun ne zaman geleceğini merak ediyordum: 'Söylemeye çalıştığınız şey ne?' Psikanalistlerin ilahi sorusu bu olsa gerek, doğru mu?"

"Bilmem. Söylemeye çalıştığınız şey ne?"

İkimiz de kahkaha atmaya başladık.

Onunla çalışabileceğimizi hemen anlamıştım. Beşinci seanstan sonra analize başlamayı önerdim, o da kabul etti. Buluşmalarımız da koltuğa yatacağı konusunda hemfikir olduk. Başka terapi süreçlerinden de geçmişti ama psikanaliz seansı almamıştı. Buna rağmen, o koltuğa geçtiği andan itibaren harika bir şekilde çalışıyorduk.

Bir sonraki seansta suç konusunu ele aldık.

"Kendimi sürekli suçlu hissediyorum, buna ben bile inanamıyorum. Bazen zihnimden en olmayacak şeyler geçiyor."

"Örnek verin."

"Örneğin, sokakta bir kazaya şahit olduğumda, kendime otomatik olarak acaba herhangi bir sebeple bu kazada benim bir suçum olup olmadığını soruyorum. Benim deli olduğumu düşünmeyin. Ben de bu tip durumlarla hiç ilgim olmadığını biliyorum ama o suçluluk duygusu hiç gitmiyor."

Psikoloji eğitimimin başlangıcında, profesörümüz bize bir vakadan bahsetti: Bir hasta, etrafında olan her şey için suçluluk hissediyordu. Örneğin, gazetede birinin öldürüldüğünü okusa polise gidip teslim olma ihtiyacı hissediyordu, ancak bunun saçmalık olduğunu gayet iyi bilmesine rağmen karşı koyamıyordu. Bir öğrenci olarak konuya istinaden anlatılan bu örneğin abartı olduğunu düşünüyordum. Ancak Sigmund Freud'un eski bir hastası olan "Kurt Adam" vakası da bilinmektedir: Bu kişi daha sonra başka bir analiz tedavisi görürken, günün birinde psikanalizin kurucusunun öldüğünü bildiğini düşünür, üstelik suçun kendisinde olduğuna emindir. Mesleki yaşamım boyunca sayısız psişik otomatizm örneğine şahit oldum.

"Gerçekten delilik," diye devam etti Victor.

"Belki de değil!" diye karşılık verdim.

Duraksadı.

"Bununla neyi kastediyorsunuz? O kazaların suçlusu ben miyim? Şimdi siz de delirmeyin – buradaki tek deli benim, unutmayın."

"Hayır, böyle bir şey söylemedim."

"Ne demek istediniz peki?"

"Düşüncelerinizin iki unsurdan oluştuğunu, yani düşüncelerinizin içerikleri olduğunu ve onlarla duygusal ilişkiniz olduğunu söylemek istedim. İçerik, sizin deli olduğunuzu ifade eden ve gerçekten absürt olan tüm o fikirler, çünkü gerçekte o olaylarla hiçbir alakanız yok. Yine de onlarla olan duygusal durumunuz, yani suçluluk duygunuz, belki de tamamen sebepsiz değil."

Beni anlayıp anlamadığına emin olmak için kısa bir ara verdim. Neticede bir teoriye giriş yapmamız söz konusuydu, anlattığım şeyleri sindirebilmek için zamana ihtiyacı vardı.

"Anlatmak istediğim şey, bir uyarıcı olduğu için o suçluluk duygusunun gelebilecek olması. Elbette, birtakım arabalara hasar verdiğiniz veya daha kötüsü insanlara çarpmış olabileceğiniz için değil. Ancak buna karşın var olan şey ise hissiniz. Bu yüzden şöyle bir soruya odaklanmalıyız: Gerçekte kendinizi neden suçlu hissediyorsunuz?"

Sessizlik.

"Bununla ilgili olarak aklıma bir şey geliyor, daha önce bununla ilgili çalışmıştık."

"Nedir o?"

"Sanırım suçluluk duygusunu, aileme yaptığım şey yüzünden hissediyorum."

'Aileme yaptığım şey'. Bu cümle dikkat kesilmeme neden oldu – neticede Victor, normalde kendini çok net ifade eden eğitimli bir insandı. Aniden net olmayan, belirsiz bir ifade kullanması, beni bunun altında yatan gerçek anlamı düşünmeye zorladı.

'Sadakatsiz olduğum için' ya da 'Karımı aldattığım için' dememişti. 'Aileme yaptığım şey' demişti. Ama ailesine ne yapıyordu? Şimdilik bu sorunun cevabı yoktu.

Birkaç ay sonra Victor'un kendi ifadesine göre, işler oldukça hızlı bir şekilde kötüye gitmeye başlamıştı. Eskiden evlilik dışı maceralarına olan arzusunu müşterileri, iş arkadaşları veya tesadüfen tanıştığı insanlarla tatmin ediyordu, ancak günün birinde neredeyse farkında olmadan internette pornografik sitelerde gezmeye başladı. Öncelikle sadece sohbet gibi görünse de zaman içinde bağımlılık halini almıştı. Bilgisayar başına oturur oturmaz o sayfalara tıklıyordu. Şehre indiğinde, birkaç dakikalığına bile olsa pornografik filmlere bakabilmek için internet kafelere giriyordu.

Bunun üzerine de ilk kez bir hayat kadını aramaya başladı.

"Böyle bir şeyi daha önce hiç yapmadım," dedi utanarak. "Biriyle yatmak için para ödemek zorunda değilim. Şimdi de buna ihtiyacım olmazdı, kadınlarla ilgili bir eksiğim yok, size yemin ederim."

"Ama bir hayat kadını diğerlerinden farklı, öyle mi?"

"Bu kulağa biraz klişe geliyor."

"Bu yüzden söylemedim, kastettiğim şey bu değil."

"Ne peki?"

"Demek istediğim şey, diğer kadınlar sizinle sizi çekici buldukları veya zevk aldıkları için birlikte oluyorlar. Buna karşın, bir hayat kadını sizi arzuladığı için sizinle yatmaz, bunu para kazanmak için yapar. Bunu sizin için veya siz olduğunuz için yapmıyor, ona maddi olarak sunacaklarınız için yapıyor..."

"..."

"Peki o olay nasıl oldu?"

Sessizlik. Koltukta huzursuzca sağa sola kayıyordu. "Karım hafta sonu için ailesinin yaşadığı Mar del Plata'ya gitmişti, çocukları da yanında götürmüştü. Yani yalnızdım. Gecenin bir yarısı birden sevişme ihtiyacı hissettim."

Bu tüm seks bağımlılarının başına gelen bir şeydir: İstekleri belli bir kişiye odaklı değildir. Hayır, söz konusu olan şey sekstir. Arzularının muhtemel tetikleyicisini hayal ederler ve sadece kendi ihtiyaçlarını hissederler. Bu o kadar karşı konulamaz bir durumdur ki muazzam bir zihinsel çabayla durdurulabilir.

"Rehberimi açtım," diye devam etti Victor. "Ama isimleri rehberde yazan kadınlardan birini aramak istemiyordum. Bunun yerine arabaya atladım ve şehirde dolaşmaya başladım. Belli bir hedefim yoktu."

"Belli bir hedefiniz olmayınca nereye gittiniz?"

"Puerto Madero yakınlarında bir bara. İçeriye girdim ve içecek bir şeyler sipariş ettim. Sonra etrafıma baktım ve bir sürü güzel kadın olduğunu gördüm. Kendime şöyle dedim: Ya çok yakışıklıyım ya da etrafta bir sürü fahişe var, neden hepsi bana bakıyor ki?" Gülümsedi.

"Peki, o akşam gerçekten o kadar yakışıklı mı görünüyordunuz?"

"Evet. Ama gerçekten bir sürü fahişe vardı."

"Bunu daha önce bilmiyor muydunuz? Tesadüfen mi orada olduğunuzu düşünüyorsunuz?"

Sessizlik.

"Olabilir. Ama bu kadar aptal olamam. Büyük bir ihtimalle o barla ilgili bir şeyler duymuşumdur ve sonra bilinçsizce harekete geçmişimdir. Çünkü iyice düşündüğümde, doğruca oraya gittim. Evden çıkıp arabayı oraya sürdüm, sonunda arabayı barın önüne park ettim ve içeriye girdim."

"O halde belli bir hedefiniz olmadan yola çıktığınız doğru değil."

Sessizlik.

"Anlatmaya devam edin lütfen."

"Kızlara bakmaya başladım ve tahrik olmakla öfke karışımı bir duygu hissettim."

"Neden öfke?"

"Çünkü o olağanüstü güzel kızlardan biri kızım olabilirdi ve burada para karşılığında bedenlerini satıyorlardı... Çok para için."

"Öyle mi?"

"Kesinlikle. Yakında bir yerde bir otel vardı, orada patronlar ve yurtdışından gelen girişimciler kalıyordu. Bu yüzden buradaki kadınlar çok pahalı ve güzeldi. İki ya da üç yüz dolar, duruma göre."

"Hangi duruma göre?"

"Müşteriyi beğenmelerine veya beğenmemelerine göre."

"Devamında ne oldu?"

"Kızlardan biri bana ilginç geldi," dedi ve güldü.

"Niye güldünüz?"

"Maggie. Gerçek adı Laura veya Veronica olabilir. Ama bu da oyunun bir parçasıydı."

"Demek öyle. Peki Maggie ile ne oldu?"

"Ona bir işaret verdim ve o da gelip masama oturdu. Sanırım yabancı biri gibi görünüyordum, çünkü benimle İngilizce konuşmaya başladı."

"Ah demek Maggie İngilizce konuşuyordu."

"Elbette. Fransızca ve İtalyanca da. Bu kızlardan bazıları Almanca bile konuşuyor dedi Maggie. Belki inanmayacaksınız ama buradaki kadınlar eğitimli, kültürlü ve çok hoştu."

"Bunu kendinizi haklı çıkartmak için mi söylüyorsunuz?"

"Hayır hayır. Sadece anlatmak istedim.

Kısa bir ara verdi.

"Özetlemem gerekirse, sonunda otele gittik ve bütün gece orada kaldım."

"Sonrasında nasıl hissettiniz?"

"Çok iyi," dedi gülümseyerek.

"Komik olan ne?"

"Benden sadece iki yüz dolar istedi."

"Bu sizden hoşlandığı anlamına mı geliyor?"

"Biliyorsunuz işte, bu benim karmam. Kadınlar beni her zaman beğenmiştir."

Victor o barın müdavimi olmuştu. Maggie onun gözdesiydi ama başka bir müşteriyle birlikte olduğunda diğer kadınlardan biriyle de tatmin oluyordu.

Ve onu git gide daha da sadakatsiz haline getiren bu durum, seks bağımlısı olmasına sebep olmuştu.

Bu davranışının nedenini bulmaya çalışıyordum ama ilgili kişiler normalde de ölçüsüz arzularının tetikleyicisini zikretmekte zorlanıyordu.

"Aslında çok tuhaf," dedi bir seferinde Victor.

"Ne gibi?"

"Sanki başka biri gibiydim."

"Bunu daha net ifade edebilir misiniz?" Kişilik kaybı gibi bir şey mi?"

"Uzmanlar böyle diyor olabilir, ancak o bara her gittiğimde, ben ben değilmişim gibi hissettim."

Bu da seks bağımlıları için tipik bir durum: Kendi içlerinde bölünürler ve bu bağımlılığı, onlara ait değilmiş ve onların yerine başkası bu davranışı sergiliyormuş gibi yaşarlar. Bu o kadar ileriye gider ki sonunda ne yaptıklarını hatırlamazlar, olay meşhur 'hafıza boşlukları' meselesine döner. Bu, partnerine sadakatsiz davranan bir seks bağımlısıyla sıradan bir insanın arasındaki farktır. Seks bağımlısı gerçekten çifte hayat yaşar, bu esnada yaşadığı bölünmüşlüğü ona yardımcı olur. Yani Victor aniden iki paralel yaşam sürmeye başlamış gibiydi: Biri karısı Virginia, çocukları, kardeşleri, işi, ailesi ve arkadaşlarıyla geçirdiği hafta sonlarından oluşuyordu – Victor'un kendi ifadesiyle onun 'aydınlık' hayatıydı. Diğeri, olası tüm hastalıklı davranış şekillerinin sergilendiği, adeta kasvetli, gizemli bir sahnede oynanıyordu. Üstüne git gide artan bir ivmeyle pornografik filmler ve söylediğine göre şimdiye kadar hiç olmamış bir şey eklenmişti: Mastürbasyon dürtüsü.

Bundan sonra daha fazla bir araya gelmeye karar verdik, haftada üç kez. Victor'un içinde bulunduğu tehditkar duruma bakılırsa bu son derece gerekliydi. Seks bağımlılığı bir insanın ruhsal yapısını yerle bir eder ve ayrıca finansal olarak iflas etmeye kadar götürür. Bu durumdaki insanlar yüksek risk içeren şeylere ve istismara eğilimlidirler. Ayrıca, bir zaman sonra artık keyiften ve cinsel oyundan çok, salt işkenceye dönüştüğünde intihar olasılığı bile mümkündür.

Bara gittiği bir gün Maggie ona, iş arkadaşı Mariela'nın, Victor'un bir kez de üçlü yapmak isteyip istemeyeceğini sorduğunu söylemişti. Victor daha önce hiç böyle bir şey düşünmemişti ama teklif cazipti. Bunun üstüne üçü kısa bir sohbetten sonra otele gitmişlerdi.

"Peki nasıl buldunuz?"

"Başta güzeldi. Mariela güzel bir kız, en az Maggie kadar, hatta daha güzel bile olabilir. Ayrıca genç, neredeyse öğrenci. Kaç yaşında olduğunu ona sormamayı tercih ettim."

Sessizlik.

"Yatağa yattım, ikisi beni şımartmaya başladılar."

Bununla tam olarak ne demek istediğini bilmiyordum ama o anda konu bu değildi.

"Daha önce böyle bir şey yaşamamıştım, sanki yeni bir

dünya keşfetmiş gibiydim. İki kadınla aynı anda birlikte olmak biraz garip. Daha önce böyle bir şey yaşadınız mı?"

"..."

"İnanın bana gerçekten garip. İki farklı koku, iki farklı nefes, iki farklı sevişme şekli, iki farklı ses... Oldukça delirtici."

Sustu.

"Başta güzeldi, demiştiniz. Sonra ne oldu?"

Sessizlik.

"Bir süre sonra şampanya doldurmak için ayağa kalktım. Yatağa geri döndüğümde ikisi birbiriyle ilgilenmeye başlamıştı."

"Nasıl yani?"

"Sevişiyorlardı."

"Demek öyle."

"Maggie başını Mariela'nın bacaklarının arasına sokmuştu ve Mariela bana meydan okurcasına bakıyordu. 'Bize bakmak hoşuna gidiyor mu tatlım?' diye sordu. Adeta taş kesmiştim, sadece onlara bakabiliyordum ama tek kelime edemedim... Sonra birden garip bir şey hissettim, nedenini ben de bilmiyordum."

"Bu duyguyu tarif edebilir misiniz?"

"Burada, göğsümdeydi. Bir çeşit baskı. Boğazıma kadar çıktı, neredeyse nefes alamayacak duruma geldim."

Korku – Victor korku hissediyordu. Ama neden?

"Sonra?"

"Sonra kendimi toparladım ama isteğim kalmamıştı."

Yine sustu.

"Onları birlikte gördüğünüzde ne düşündünüz?"

"Bunun benimle alakası olmadığını."

Sessizlik.

"Buraya kadardı. Ama belki bu o kadar da kötü bir durum değildi..."

"Bununla ne demek istediniz?"

"Ondan sonra o geneleve hiç gitmedim."

'O geneleve'. O ana kadar mekana bu şekilde hitap etmekten kaçınmıştı. Ancak bu deneyim görünüşe göre bir şeyleri değiştirmişti. Arzuladığı o kadınlar birden korkutucu görünmeye başlamıştı ve bar, genelev olmuştu. Neden?

Bir psikanalist olarak hastamı dinlerken bu soruyu sürekli sorarım. Ne anlattıkları, ne itiraf ettikleri önemli değil. Her şeyin bir sebebi, bir tetikleyicisi olduğunu düşünmek vazgeçemeyeceğim bir ön koşuldur. Bazen bu soruya bir cevap bulurum, bazen bulamam.

Zihinsel rahatsızlıkların kendini nasıl göstereceği hastanın elinde değildir. Buna kendi kendine karar veremez. Semptomlar daha çok belirli bir işlevi yerine getirir. Ruhun, sağlıklı bir şekilde çözemediği çelişkilerin üstesinden gelmesini sağlar. Bu, bilinç ve bilinçsizlik veya baskılama arasındaki mücadeleye dayanır. Semptomlar ne kadar acı verici olursa olsun, hastanın, itiraf etmesi halinde ona çok daha acı verecek, hatta acı kapasitesini bile aşacak bir şeyi gizlemesine sebep olur.

Victor'un sadakatsizliği, internet pornografisi ve sonra da fahişelerle cinsel arzusunu teşvik etme takıntısı, bir iç çatışmasının olduğunun kanıtıydı. Ancak iki fahişeyle yaşadığı o deneyimden sonra bu semptomlar kaybolmuştu. Ancak temelde yatan çatışma hiçbir şekilde çözülmemişti. Bu yüzden onun yerini başka bir şeyin alacağını düşünüyordum. Ve öyle de oldu: Victor, bir süre boyunca tamamen belirsiz bir korku ile kuşatıldı, ta ki günün birinde yeni bir semptom onu bu durumdan kurtarana kadar.

"Bugün çok sessizsiniz, bir şey mi oldu?"

"Size bir şey anlatmam lazım ama utanıyorum."

"Sizi ne yadırgadığımı ne de yargıladığımı biliyor olmalısınız."

Sessizlik.

"Yine de son seanslarda olduğu kadar, korkmuş görünmüyorsunuz, yoksa yanılıyor muyum?"

"Evet, doğru söylüyorsunuz."

"Belki şimdi utanıyorsunuz ama o kadar korkmuyorsunuz."

Düşündü. "Olabilir."

"Sizi utandıracak ne oldu? Neden konuşmakta bu kadar zorlanıyorsunuz?"

"Cumartesi günü yine bir fahişeyle birlikteydim."

Bir nüksetme hadisesi demek ki, diye düşündüm.

"Peki ama bununla ilgili çok konuştuk. Neden şimdi bu yüzden utanıyorsunuz?"

Kısa bir sessizlik.

"O bara mı gittiniz?"

"Hayır."

"Ah, demek öyle."

"Telefonla iletişime geçtim."

"Bana nasıl olduğunu anlatmak ister misiniz?"

Birkaç saniye duraksadı, sonra konuşmaya başladı:

"O sabah kalktığımdan beri garip bir duygu hissediyordum. Bir çeşit içsel gerginlik gibi, git gide büyüyordu. Saat yediye doğru Virginia'ya bir işi bitirmem gerektiğini söyledim ve ofise gittim. Orada gerginliğim tekrar başladı. İnternette porno sitelerine baktım ve bu esnada mastürbasyon yaptım. Uzun zamandır olmadığım kadar tahrik olmuştum. Sonra bir sayfaya denk geldim, anında dikkatimi çekti. Sayfadaki fotoğraf beni çok etkiledi, olağanüstü bir kadın vardı ve gerçekten büyüleyici görünüyordu. Telefon numarasını not aldım ve hemen aradım. Takma adı Lisa'ydı. Bir süre sohbet ettik, ona ne kadar istediğini sordum ve ofiste buluşmaya karar verdik. Beklerken zar zor sabrettim. Yarım saat sonra zil çaldı, olağanüstü güzeldi, uzun boyluydu ve koyu renk gözleri vardı." Kadının onda uyandırdığı şehveti ses tonundan anlamak mümkündü. "Önce biraz oynaştık. Sonra bana oral seks yapmaya başladı. Hayatımda hiç bu kadar zevk almamıştım, inanamıyordum. Sonunda ben de onu okşamaya başladım."

Sessizlik.

"Neden anlatmaya devam etmiyorsunuz?"

"Çünkü o anda Lisa'nın bir kadın olmadığını fark ettim."

Yine kısa bir süre sustu.

"Nasıl tepki verdiniz?"

"Şaşırmıştım ama dürüst olmak gerekirse o kadar da değil. Sanki biliyormuşum gibiydi."

"Belki de öyleydi."

Biraz düşündü. "Sanırım evet. İnternet sitesinde gayet net bir şekilde yazıyordu, sadece fark etmemiştim. O bilgiyi yüzeysel görmüştüm."

Bir şeyi görmezden gelmek için insanın kendisini zorlaması lazım. Beyin, baskılanması gereken şeyi ayıklayarak çıkarır ve insan birden duygusal ya da zihinsel açıdan çatışmaya neden olacak şeyleri algılamaz. Hiç kuşku yok ki bu vakada da durum buydu. Victor'un gördüğü şeyden etkilenmemesi – bilinçaltının bu bilinçsiz bilgisi sayesinde – zaten bir kadınla birlikte olmadığını bildiğini gösteriyordu.

"Sonra ne oldu?"

"Ona yanıldığımı, çok güzel olduğunu ve onun bir kadın olduğunu sandığımı söyledim. O da sorun olmadığını, istersem gidebileceğini söyledi."

"Siz ne dediniz?"

"Ona kalmasını, onunla seks yapmayacağımı ama beni çok tahrik ettiğini söyledim. Sonra da kendisine sadece bakıp bakamayacağımı sordum."

"Bakmak mı?"

"Evet bakmak. Durumu benim için daha da zorlaştırmayın."

"Yani, onun penisini görmek istediğinizi mi söylüyorsunuz?"

"Evet, onu çıplak görmek istiyordum.

"Peki o ne yaptı?"

"Soyundu. Yavaşça ve şehvetli bir şekilde. Çok uzun sürdü ve ben…"

"Evet."

"Ben git gide daha da tahrik oldum. Sonunda çırılçıplak kaldı. Daha önce bir travesti görmüşsünüzdür, en azından bir fotoğrafta ya da filmde."

"…"

"Garip bir histi. Ama büyüleyiciydi. Sanki karşınızda başka tür bir insansı varlık varmış gibi, kadın kadar güzel, erkek kadar tam. Ona tekrar dokunmak istemiyordum ama mastürbasyon yapmasını rica ettim. O da yaptı. Ben de yaptım."

"Bu esnada kendinizi nasıl hissettiniz?"

"İşte en çok da bu yüzden çok utanıyorum. Hayatım boyunca hiç bu kadar tahrik olmamıştım. Size yemin ederim o bir kadındı."

İşte o savunma mekanizması yine ortaya çıkmıştı: Reddetme.

Ben de ona, "İnanın bana o bir kadın değildi!" dedim.

Cevap vermedi. Seansın sonuna kadar da tek kelime etmedi.

Victor, Lisa'yla görüşmeye devam etmişti. Buluşmaları aşağı yukarı hep aynıydı. Lisa ofisine geliyordu, biraz sohbet ediyorlardı, bir şeyler içiyorlardı, sonra öpüşüyorlar ve birbirlerini okşuyorlardı, ta ki Victor zirveye ulaşıp Lisa'nın mastürbasyon yapmasını seyredene kadar.

Bir keresinde saçının gerçek mi yoksa peruk mu olduğunu sormuştu. Lisa bunu neden sorduğunu merak etmişti, Victor ise onu gerçek saçlarıyla görmeyi hayal ettiğini söylemişti.

"Lisa bunun üstüne ne dedi?"

Victor başını salladı. "Bana, belki de artık bir erkekle birlikte olmamın vakti gelmiştir dedi."

Bu ona darbe gibi inmişti. O ana kadar her şey sadece bir oyundu, bu arzusunun homoseksüel olmasıyla alakalı olup olmadığı sorusunu o ana kadar kendisine hiç sormamıştı.

İki hafta boyunca Lisa'yı hiç aramamıştı. Sonra tekrar aradı, uzun süre sohbet ettiler. Aralarında sıkı bir ilişki oluşmuştu. Victor daha önce hiç kimseye bu kadar güvenmemişti. Lisa onu eve davet etti, bir erkek arkadaşını da çağıracaktı. Victor'a hiçbir şey yapmak zorunda olmadığını, ne isterse onu yapabileceğini, hatta isterse gidebileceğini söyledi. Victor kabul etti, Cuma akşamı için sözleştiler. İkinci kez bir *ménage à trois** yaşayacaktı. Ancak bu kez tamamen farklıydı.

"Kendinizi nasıl hissettiniz?"

"Kafam allak bullaktı. Her şey sanki rüya gibiydi."

"Anlatmak ister misiniz?"

"Lisa'ya gittim, bir süre sonra Sebastian geldi. Uzun süre sohbet ettik, ortam iyice güvenilir olmaya başlamıştı. Lisa bir süre sonra ikisinin bir şey yapmasını isteyip istemeyeceğimi sordu. Çelişkili duygular içindeydim. Bir yandan kendime, benim gibi başarılı bir mimarın ve aile babasının bir travesti ve tele erkekle ne işim olduğunu soruyor, diğer yandan ikisini seyretmeyi çok istiyordum. Bunu onlara söyledim ve sonra yatak odasına gittik." Ara verdi. "Ayrıntıları anlatmayacağım."

"Ne isterseniz onu anlatın."

"Güçlü bir deneyimdi. Ama sadece seyretmekle sınırlı kalacaktım. Lisa ve Sebastian oldukça tutkulu ama aynı zamanda şefkatli bir şekilde seviştiler. Ben birbirlerine küfredeceklerini ve kaba davranacaklarını sanmıştım. Ama ak-

* (Fr.) Ménage à trois, üçlü ilişki anlamına gelmektedir. (Çev .N.)

sine, her şey çok içten ve samimiydi. Evet, hatta oldukça... güzeldi."

"Nasıl yani?"

"Bedenleri. İkisi de çok güzeldi. Ve birbirlerine bana zevk vermek için zevk veriyorlardı."

"Maggie ve Mariela da o zaman buna benzer bir şey yapmışlardı. Yine de sizde farklı bir etki uyandırmıştı. Ne diyorsunuz, neden böyle oldu?"

"Bilmiyorum."

"O zaman şöyle demiştiniz: 'Bunun benimle bir ilgisi yoktu'. İki kadın olduğunda böyle hissetmiştiniz, ayrıca seyredilecek bir şey olmadığını, bir şeylerin eksik olduğunu da. Buna karşın Sebastian ve Lisa'da görmek istediğiniz bir şeyler vardı."

Sessizlik. "Penisleri mi?"

"Lisa'nın mükemmel olduğunu, bir kadın kadar güzel ve bir erkek kadar tam olduğunu söylemiştiniz, hatırlıyor musunuz?"

"Evet."

"Belki bir kadının tam olmadığını, eksik olduğunu düşünüyorsunuzdur."

"İyi de zaten eksik."

"Hayır. Bir kadın eksik değil, sadece biraz farklı. Vajinası olan birinin penisi eksik değildir. Ama sanırım siz öyle düşünüyorsunuz. Ve bir analizde önemli olan, ruhunuzun neyi gerçek olarak yaşadığı."

"Peki bu durum ne anlama geliyor?" diye sordu. Gelecek cevaptan korkuyor gibiydi.

Analizinde karışık bir zaman başlamıştı. Victor'un çifte hayatı iyice keskinleşmişti. Varlığının karanlık yüzü giderek artan bir şekilde baskın bir rol üstlenmek istiyordu.

"Bu nasıl oldu?"

"Her zamanki gibi ikisini seyrediyordum ama katılmak için git gide daha büyük bir arzu hissediyordum. Bir süre sonra kalktım ve onlara katıldım."

"Peki, hangisiyle ilişki yaşadınız?"

Uzun ve sıkıcı bir sessizlik.

"Lisa." Ağlamaya başladı.

"Neden ağladığınızı söylemek ister misiniz?"

"Gülersiniz."

"Hayır."

"Bunu hatırlamak çok heyecan verici."

Böyle bir cevap geleceğini tahmin etmemiştim.

"Heyecanlı olan ne?"

"Hissettiğim zevk, özgürlük. Sanki daha önce kendimi hiç bu kadar eksiksiz hissetmemiş gibiydim. Bu duygu çok uzun sürmüştü ve yoğundu. Sanki aramızda kendine has çok özel bir bağ vardı. İş öyle bir noktaya vardı ki sonunda Sebastian bizi yalnız bıraktı. Öylece çekip gitti. Ve biz bunu fark etmedik bile. İnanılmazdı."

Birden sanki korkmuş gibiydi.

"Bu söylediğim korkunç."

"Ama hissettiğiniz şey bu."

Victor allak bullak olmuştu. Lisa onda tamamen yeni, bilinmedik duygular ve heyecanlar uyandırmıştı. Daha önce böyle bir şey yaşamamıştı ama artık geri dönüşü yoktu.

Victor'un aydınlık hayatı git gide kasvete bürünüyordu. Virginia ile neredeyse hiç yatmıyordu, bunu yaptığında ise şiddetli bir tiksinme duygusu hissediyordu. Bu sebeple de eve daha seyrek gidiyordu, bu da çocuklarına karşı suçluluk duygusu hissetmesine sebep oluyordu.

Bu duruma bir son vermek için, defalarca Lisa'yla iletişimini kesmeye çalışmıştı ama birkaç günden fazla dayanamıyordu. O kadar çok keder ve acı hissediyordu ki tekrar ona gidiyordu. Lisa da boş değildi, o da görünüşe göre Victor'a aşık olmuştu. Peki o? O aşık mıydı?

Sonunda analiz ve Victor'un hayatı için belirleyici ve önemli bir seansa gelmiştik.

"Belki de Lisa'ya aşık olmuşsunuzdur. Siz de öyle düşünmüyor musunuz?"

"Böyle bir şey benim başıma gelemez, böyle bir şey istemiyorum."

"Bazen bazı şeyler, istediğimiz gibi olmayabiliyor."

"Evet. Ama neden?"

Victor çaresiz bir halde koltukta yatıyor ve ağlıyordu. Bu, birlikte çalışmaya başladığımızdan beri ilk kez oluyordu.

"Ne düşünüyorum biliyor musunuz? Sebebi sizsiniz ve bu boktan analiz!"

"Arzularınızın sorumlusunun ben olduğumu mu düşünüyorsunuz?"

"Hayır ama eskiden bununla başka türlü başa çıkabiliyordum."

"Doğru, bu yüzden de bana geldiniz. Çünkü içgüdülerinizle başa çıkmayı öğrenmek istiyordunuz. Öyle değil mi?"

"Evet ama konunun böyle sonuçlanacağı aklıma gelmezdi."

"Peki, bunun bir son olduğunu kim söyledi? Belki de bu başka bir şeyin başlangıcı."

"Evet, pis bir şeyin. Sürekli yeni partnerlerin!"

"Neden böyle söylüyorsunuz? Bana, Lisa'yla uzun bir süredir baş başa kaldığınızı ve sadece tutkulu değil, aynı zamanda şefkatli seviştiğinizi söylemiştiniz."

"Şu anda ne söylediğinizin farkında mısınız?"

"Evet, peki siz?"

"Elbette, bu yüzden bu kadar çaresizim. Siz de bana Lisa'ya aşık olup olmadığımı soruyorsunuz. Öyle olsa bile, ne olabilir ki? Nasıl olsa hiçbir şey yapamam."

"Neden?"

"Çünkü bu felaket demek! Bunun benim açımdan hiç iyi olmayacağının farkında değil misiniz?"

"Biz burada sizin gerçeğinizi bulmaya çalışıyoruz, baştan öyle kararlaştırdık. Bizim en önemli hedefimiz, rahatlamış bir şekilde geriye yaslanmanızı sağlamak değil."

"Bazen sadece çenenizi kapatsanız olmaz mı?"

"Bu sizinle ilgili gerçeği değiştirir mi?"

Sessizlik.

"Çok çaresizim."

Buna emindim. Onu çok iyi anlıyordum. Bazı gerçekler hayatımızı altüst eder. Victor da şu anda böyle bir gerçekle yüz yüzeydi. Ama perde yavaş yavaş açılmaya başlamıştı, artık geri dönüş yoktu.

Artık birçok seansta, Victor'un analiz esnasında ifade ettiği şeylerin değişik formülasyonlarının üstünde duruyorduk.

"Bazı şeyleri daha yakından incelemek isterim. Belki bu zaman dilimi içinde olanlara yeni bir bakış açısıyla bakabiliriz. Ne dersiniz?"

"Anlaştık."

Tedavi esnasında hastalarımın söylediği bazı şeyler çok fazla dikkatimi çeker. Bunun nedenini bilmiyorum. Normalde notlar alırım, daha sonra bu notlardan çok yeni anlamlar çıkar. Bu yüzden o ana kadar Victor'la ilgili aldığım notların hepsini tekrar gözden geçirdim ve bazılarını seçtim. Örneğin, ilk seanstaki bir ifadesi şöyleydi:

"Sadece tek bir kadını arzulayıp, ona bağlı kalamıyorum."

Victor bu ifadesini bir analizde şu şekilde değiştirmişti: Tüm hayatı boyunca, hiçbir zaman sadece bir kadını *gerçekten* arzulamamıştı. Herhangi bir nedenden dolayı bu mümkün değildi. Bu neden neydi? Sorun kadınlarda var olan bir şeyle ilgili değildi, kadınlarda olmayan bir şeyle ilgiliydi. Penise sahip olmamaları onu biraz ürkütüyordu. Bu yüzden seks yapan iki kadının manzarası ona güvensizlik hissettirmişti.

Diğer ifadelerinden biri de şu bilgiyi ortaya koymuştu:

"Henüz küçük bir çocukken kadınların bana baktığını fark ettim."

Kulağa Victor'un erkekliğinden emin olması gibi gelse de – her zaman herkes tarafından arzulanan biri olduğunu düşünüyordu – gerçek bunun aksini, kadınların bakışını tehditkar bulduğunu gösteriyordu. Sanki ondan bir şey alıp götüreceklermiş gibi.

"Biliyorsunuz işte, bu benim karmam. Kadınlar beni her zaman beğenmiştir."

Karma kelimesi bu noktada kulağa cezayı ifade ediyormuş gibi geliyordu: Victor kadınlar tarafından beğenilmeyi bir ceza olarak görüyordu, gerçekte de aslında onları arzulamıyordu.

"Aileme yaptığım şey!"

Birden bununla neyi kastettiği ortaya çıkmıştı: Mesele sadakatsizliği değildi. O, çocuklarının, karısının, kardeşlerinin ve onun için değerli olan, sevdiği kişilerin gözünde bir eşcinsel olarak ne anlam ifade edeceğinden korkuyordu. Onlar tarafından kabul görmeyeceğinden korkuyordu. Ama sadece bu değildi. Sadece arkadaşlarını, ailesini değil, namını ve işini, yani hayatında inşa ettiği her şeyi kaybetmekten de korkuyordu.

"Ellisine gelmiş bir adam, birdenbire çevresindeki insanlara eşcinsel olduğunu itiraf edip günah mı çıkartacak?"

"Bu, yanlış bir ifade. Birincisi: Bir günah işlendiğinde ya da bir suç işlendiğinde günah çıkartılır. Ve siz her ikisini de yapmadınız. İkincisi: Hiç kimse bir anda 'eşcinsel' olmaz. Bazen uzun süre baskılanmış ve derinlerde olan şeyleri uzun süre sonra fark ederiz. Ama hiç kimsede cinsel kimlik elli yıl sonra ortaya çıkmaz, bana inanabilirsiniz."

Bunun üzerinde çalışmak, Victor'un kabul etmek istemediği bir gerçeği ortaya çıkardı.

"Bana heteroseksüel olmam için yardımcı olabilir misiniz?"

"Olmadığınız biri olmanız için size yardım edemem. Ama isterseniz, istediğiniz gibi onurlu bir şekilde yaşamaya devam etmeniz için çalışmalara devam edebiliriz."

Victor, ona ne kadar acı verse da yoğun ve cesur bir şekilde çalışmaya devam etti. Aslında, sırf erkeklerin onu çektiği gerçeğine karşı direnmek için kadınları baştan çıkardığı gerçeğini fark etti. Suçluluk duygusunun sebebinin de homoseksüelliğe olan eğilimi yüzünden olduğunu anladı ve var gücüyle bu çatışmayı kontrol altına almaya çalıştı.

Karısından ayrıldı ama örnek bir baba oldu: Çocuklarını neredeyse her gün görüyordu ve iki haftada bir hafta sonları yanına alıyordu. Mesleki açıdan da başarılı olmaya devam etti. Eskisi gibi kendine ait bir evi olma duygusunu özlüyordu ve olan tüm değişikliklerden sonra kendisinden uzaklaşan birçok arkadaşını da.

Ve onu heyecanlandıran ama büyük korkular da uyandıran bir şeyi idrak etti: Lisa'ya aşık olmuştu. Ve Lisa da ona. Artık bir çift olmuşlardı, ancak birlikte yaşamıyorlardı. Lisa internet sitesini kapatmıştı ve artık fahişe olarak çalışmıyordu.

Victor hâlâ korkuyordu ve kendini sorgulayıp duruyordu: Bu şekilde mutlu olunur muydu? Diğerlerinden farklı olduğunda bir yuvaya sahip olabilir miydi? Günün birinde çocuklarına gerçeği söyleyebilir miydi?

Lisa'yla birlikte olduğundan beri bir daha sadakatsiz olmadı ve porno filmleri de izlemedi.

Belli başlı durumlarda psikanalize mutlaka inanmak lazım ve belli prensiplerden vazgeçmemek lazım. Bir hastanın içsel olarak paramparça olduğuna, tüm yaşantısı boyunca oluşturduğu içsel yapısı çöktüğü ve bunu durduramadığı için acı çektiğine şahit olmak zor. Bazı meslektaşlarım hastanın durumunu korumaktansa, ona yardım etmekten yanadır. Bize, farklı yöndeki arzularına rağmen o ana kadar yaşadıkları hayatı sürdürmelerine destek olmanın, onlara acı verip vermediğini sorarlar. Belki haklılar. Ancak bu, her bireyin meslek algısı meselesidir.

Psikanalizin birincil hedefi hastanın genel refahı değil, analitik süreçte her ne kadar dalgalanma gösterse de hastanın gerçeğidir. Bu benim için en belirleyici temel ilkedir. Benim görevim hastanın arzularından kaçmasını değil, onları kabul etmesini sağlamaktır. Gözlerinin içine bakmak, tüm korkularına rağmen. Bununla nasıl başa çıkacağı onun özgür iradesine bağlıdır.

Yine de itiraf etmek gerekirse, bu soruyu tekrar tekrar kendime sorarım ve her seferinde aynı cevaba ulaşırım: Gerçek her şeyin önündedir. Bunun için çok büyük bedeller ödemek zorunda kalınsa bile. Bu yüzden bir psikanalist olarak çalışmaya devam ediyorum.

Psikanalizde hasta, bir birey (Person), bir fert (Individuum) değildir. Hasta bir süjedir.

Sanatsal ve kültürel başarıların çok önemli olduğu Eski Yunan'da tiyatro büyük kıymet görüyordu. Bu dönemin tragedyaları ve komedileri oldukça ünlüdür ve Sophokles veya Aristophanes gibi isimler herkesin dilindedir. Eskiden tiyatroların çok farklı olduğunu biliyoruz: O zaman gösteriler açık havada yapılırdı, birçok insanın bir araya geldiği büyük açık alanlarda. Oyuncular maske takardı, sesleri gür çıkardı ya da seslerini deforme ederlerdi, ayrıca kimliklerini gizlerlerdi. Bu maskeler veya yüz örtüleri daha sonra Romalılar tarafından Latincede 'persona' olarak adlandırılmıştı, ki bu kelime muhtemelen 'personare', yani '(maskenin altından) yankılanan ses' kelimesinden türemiştir.

Başka bir deyişle: Person kelimesi aslında bir şey gizleyeni, göründüğü gibi olmayanı, oyuncuyu ve rol yapanı ifade eder. Muayenehaneye gelen bir hasta, maskelerini çıkarmak ve en derin yaralarını ifşa etmek isteyen biridir. Bunun üstüne çalışır. Cömertçe yüksek bedeller ödemeye hazır bir şekilde, acıyla başlayan ve nihai hedefi gerçeği açığa çıkarmak olan yola çıkar.

Psikanalist ise ona bu yolda eşlik etmeyi görev bilir, çünkü hiçbir şeyi gerçekler kadar sevmez. Ama evrensel, genel anlamda geçerli olan gerçekleri değil – insanlar psikanalistleri filozoflar, sosyologlar veya mistiklerle aynı kefeye koymamalı. Bir psikanalist kendini Tanrı veya özel bir insan yerine koymak niyetinde değildir, aksine kendisinden yardım isteyen o insanı kendine has ve özel görür. Her insanın hikayesi kendine hastır ve kökü hastanın bireysel hikayesinin içinde yatar, onu kabul etmek konusunda direnç gösterse bile.

Fert (Individuum) kelimesi de Latinceden gelmektedir ve 'bölünmez' anlamına gelir. Ve bu, sıradan hastalar için geçerli değildir. Aksine, sıradan hastalar kendi içlerinde bölünürler, aynı zamanda hem sevgi hem nefret hisseder, bir şey ister ama sonra istemez, bir hedefi vardı ama ona ulaşmayı başaramaz, bir şeyden korkar ve aynı zamanda onu arzular. Bir Individuum suçluluk duymayan, belirsizliği ve çelişkileri olmayan biridir. Ve bunlar benim muayenehaneme gelmezler. Aksine, endişeli ve kafası karışık bir şekilde yapmak istemedikleri şeyleri yaparlar ve mustarip oldukları semptomları vardır, görünüşe göre de bu semptomların farkında bile değildirler. Ve bu bir anlamda doğrudur: Çünkü bir analizin başlangıcında hasta normalde bir şeyler bildiğinin farkında değildir. Bu nasıl olur?

Bu soruyu cevaplamak için, kişi bilmediği bir bilgi olduğunu, bilinçaltında bu bilginin erişilemez olduğunu, bilinçsiz bir bilgi olduğunu kabul etmesi gerekir. Bununla birlikte, bir hastayı tedavi edip etmeme konusunda karar vermemi sağlayan şey, kişinin kendisinde çok garip ve anlaşılmaz bulduğu şeylerin, kendisiyle bir ilgisi olduğundan şüphelenmesidir.

Bir insanın bir vücuda sahip olması gerçeği, bu insanın aynı zamanda bir fert olması gibi yanlış bir algıya sebep olabilir. Bir süjenin gelişmek için bir bedene ihtiyaç duyduğu tartışılmaz – insanoğlunun 'ben'liği her şeyden önce bedensel bir 'ben'liktir, demiş Freud. Bedensiz bir süje olmaz. Ancak, bir bedenin salt varlığı otomatik olarak bir süjenin var olmasına neden olmaz. Bunun için beden, diğerlerinin bakışlarını ve dokunuşlarını öğrenmek zorundadır.

Ebeveynlerin şefkati, belli özelliklerin onaylanması ve diğer insanların sözleri, küçük çocuğun bedenine geçer ve kademeli olarak kişiliğinin oluşmasına katkıda bulunur. Tüm bunlar bedenine, biyolojiyle alakası olmayan ama kelimelerle ilgili olan şeyler olarak yansır. Örneğin, bazı histeri belirtilerinde, vücut fonksiyonlarının bozulmasında belirgin bir organik neden bulunmaz. Ya da ölümcül bir şekilde zayıflamasına sebep olan anoreksiya gibi yeme bozuklukları durumunda, kişinin kendisini kilolu olarak görmesi gibi: Öznel vücudun biyolojik bedenin ötesine uzandığı apaçıktır.

Başka bir deyişle, çeşitli söylemlere maruz kalan beden, biyolojiden bağımsız hale gelir ve sembolik olanla çözümlenemeyecek bir bağlantıya geçer. Bundan dolayı da tüm duygusal acılar vücutta iz bırakır, tıpkı tersi olduğunda vücutta gerçekleşen her eylem karşısında, süjenin – iyi ya da kötü bir durumda – nasıl arzuladığını, tadını çıkardığını veya acı çektiğini belirlediği gibi.

Bir hasta özgür bir varlık değildir. Aksine, süje kelimesinin Latince anlamındaki gibi, o bir "özne"dir. Bir insan; hikayesine, bilinçaltına, başkalarının isteklerine, lisanına, sözlerine tabi olan bir kişidir. Süje, bireyden farklı olarak, yaratılmadan çok önce var olur; ebeveynler ideallerini, onu arzuladıkları andan itibaren gelecekte var olacak çocuklarına yansıtırlar. Hamilelik sırasında, tamamen küçük çocuğun gelişine yönelik bir gerçeklik yaratılır. Ve nihayet doğduğunda, zaten onu bekleyen bir dünya ve bir ismi vardır.

Yenidoğan, annesinin karnında hiç açlık ve susuzluk hissetmezken ve bu ihtiyacı ilk kez hissettiğinde, bunu kendi başına yapamayacağını fark eder ve ağlamaya başlar – ihtiyacını dile getirecek başka bir olanağı yoktur. Ve ilk kez bir başkası oyuna girer; biz analistler için, genellikle anne veya baba tarafından üstlenilen ve çocuğun ağlamasına bir anlam katan önemli bir roldür bu. Örneğin anne, "Ah, acıktı," der. Çocuğu kollarına alır ve emzirerek açlığını giderir. O andan itibaren çocuk, varlığıyla ilgili temel bir şey fark eder: İstediği her şeyi başkalarından talep etmeli. Bu esnada kelimeleri anlamakla kalmaz, aynı zamanda diğer insanlarla bağ kurmasını sağlar.

Tüm bunlar ve daha fazlası için, kendi ayakları üzerinde bile duramayan ve kendi başına beslenemeyen biri davranışlar geliştirmek zorundadır. Hayatın birçok insan için bu kadar zor olmasına ve zamanla sırtlarına binen yükün artmasına şaşmamalı.

Sırtta böylesine bir yük taşımak kolay değildir, bazıları bunun bedelini sağlıklarıyla öder. Bu noktada, belli bir süre sonra hastalığın ilk belirtileri baş göstererek, her şeyden önce süjenin içsel veya dışsal taleplerine karşın yanlış ve sağlıksız bir form oluşturur. Uygun bir cevap bulmaktan aciz olan süje, hastalığının içinde – oldukça yüksek bedelleri olan – bir çatışma çözümü bulur.

Sürekli, konuşmanın iyi geldiğini, sözlerin şifa verici olduğunu duyuyorum. Bu, arkadaşlarımızla, babamızla, hatta neden olmasın, kendimizle konuşmanın bile bir tedavinin yerine geçebileceğine dair çılgınca bir iddiadır. Süjenin, etkili bir iyileşme için, söylediği şeyi başka bir şekilde dinleyebilen, söylediği şeylerden sonuçlar çıkarabilecek birine ihtiyacı vardır. Ve bu kişi bir analisttir.

Bu kitapta sürekli tekrarlanan bazı kelimeler var: Sessizlik, korku, ağlamak, arzulamak. Bir analiz süreciyle başa çıkmak isteyen kişi ifadelerin etrafında dolaşmamalı. Analiz, hasta ve analistin tedaviye başlamak konusunda hemfikir oldukları bir süreçtir. Bu noktadan sonra olanlar esnasında bir şeyin son derece önemli bir rolü vardır: Dil. Ancak bu herhangi bir dil değildir. Söz konusu deşifre edilmesi gereken bir dildir.

Bir zamanlar, babasının elini tutarak, büyülenmiş gözlerle garip bir işaretler koleksiyonuna bakan bir çocuk varmış. Bir süre sonra, "Büyüdüğümde onları deşifre edeceğim," demiş. Baba gülmüş. Ancak çocuk yıllar sonra sözünü tutmuş. Bunlar Rosetta Stone'daki hiyerogliflerdir ve küçük çocuğun adı Jean François Champollion'dur.

Biz analistler de aynı hayranlıkla hastalarımızın kelimelerini dinleriz. Ve geçmişleriyle hayallerini deşifre edeceğimize aynı oranda inanırız.

Yani birbiriyle etkileşen, birbirinin üstüne binen sözler.

Her analiz sürecinde bende aynı izlenim uyanır: Hastanın zihninde, geçmişine ait sözler dönüp durur. "Senden bir şey olmaz...", "Bu şirket günün birinde senin olacak...", " Sen şansızın tekisin...", "Homoseksüellik bir hastalıktır...", "Eğitimini yarıda kesebileceğini aklından bile geçirme..."

Üst üste binen, bir araya gelen kelimeler Freud'un dediği gibi ünlü 'dil sürçmesine' sebep olmaktadır. "Ben çekilmezim!" demişti hastalarımdan biri, aslında: "Bazen başkalarını çekemiyorum," demek istiyordu. Bu iki cümle kesişerek beklenmedik bir şekilde bir ifadeyle yüzleşmemizi ve o zamana kadar kilitli olan kapıları açmamızı sağladı. Bunlar hastayla analist arasında gelip giden ve bu esnada bir soru olarak şekillenen, kısa sürede bir bilgiye dönüşen ve yorumlanan kelimeler. Ya da – neden olmasın – tedavi esnasında benim zihnimden geçen, diğer düşüncelerle kesişen ve beni kuşkuya düşüren, düşündüren kelimeler.

Belki de analiz sürecini, sözcüklerin kesiştiği ve üst üste

bindiği 'kelime alışverişi' olarak ifade edebiliriz. Bu süreç – hastanın acısından başlayarak, değişim arzusu yeterince güçlüyse ve gerekli netliğe ve cesarete sahipse – bir süjenin hayatını sonsuza dek değiştirebilecek gerçekleri ortaya çıkarabilecek bir süreçtir.

Psikanaliz, hayatın sunduğu en büyük maceralardan biridir.

Kıskançlık, yas, suçluluk, sevgi ve tutku... Yaşam ve ölüm... Psikanaliz, sonu belirsiz olan tehlikeli bir yoldur. İnsan ruhunun derinliklerinde gizli olan sorunlara temas eder ve kimse bu yolculukta neyle karşılaşacağını bilemez.

Güney Amerika'nın en saygın psikanalistlerinden Gabriel Rolón muayenehanesine gelen hastaların gerçek hikayelerini ele aldığı bu kitapta, günlük hayatın detaylarındaki psikolojik şifreleri ustaca analiz ediyor. *Bir Psikanalistin Notları*, öz farkındalığı arttıran ve kendi gizemli dünyamıza açılan bir anahtar olan psikanalizle ilgili bilinmeyenleri gözler önüne seriyor.

Sayfalar arasında dolaşırken her vakada birbirinden enteresan psikolojik analizlerle karşılaşacak ve her adımda çözüme biraz daha yaklaştığınızı hissedeceksiniz.

Birçok insan hayatta karşılaşılabilecek en iyi fırsatları özgüven eksikliği yüzünden kaçırmaktadır. Topluluk önünde konuşmadan tutun da liderlik gerektiren bir işi üstlenmeye ya da birine arkadaşlık teklif etmeye kadar, kendimizi zorluklarla başa çıkmada yeterince donanımlı hissetmediğimiz pek çok durumla karşı karşıya kalıyoruz. Russ Harris düşük özgüven, utangaçlık ve kendini güvensiz hissetme konularında şaşırtıcı bir çözüm önerisi sunuyor. Bu kitap Batı psikolojisinin temellerini derinden sarsan ve insan davranışlarını değiştirmek için oluşturulmuş yepyeni bir model üzerine kuruldu. Bilişsel davranış terapisinin gelişmiş bir formu olan Kabul ve Kararlılık Terapisi (ACT) tekniklerine dikkat çeken Özgüven Boşluğu'nu okuduğunuzda;

- Kendine güvenin ne olduğuna ve nasıl oluşturulduğuna dair yanlış kanılardan kendinizi arındıracak,
- İlişkilerinizi korku ve endişeden uzak bir noktaya taşıyacak,
- Öz değerlerinizi berraklaştırarak, onları ilham ve motivasyon kaynağı olarak kullanmaya başlayacak,
- Olumsuz düşünceler ve duygularla etkin bir şekilde mücadele edebilmek için kazandığınız farkındalığı kullanacaksınız.